KB091491

객체지향
UI 디자인

객체지향 UI 디자인

쓰기 편한 소프트웨어 디자인 원리

소시오미디어 주식회사 · 후지이 코타 지음
우에노 마나부 감수   송지연 옮김

에이콘

지은이 소개

소시오미디어 주식회사(ソシオメディア株式会社)

디지털 프로덕트에 특화된 디자인 컨설팅 회사다. 2001년 창업 이래, 인터랙션 디자인, 사용성 엔지니어링, 디자인 매니지먼트 등의 분야에서 첨단의 실적을 쌓았고 서적, 잡지 기사, 세미나, 이벤트 등에서 활발히 정보를 전하며 업계를 리드하고 있다. 최근에는 OOUI의 트레이닝 서비스가 호평을 얻고 있다.

- 웹사이트: https://www.sociomedia.co.jp

후지이 고타(藤井幸多)

소시오미디어 주식회사 사용자 인터페이스 디자이너다. 각종 비즈니스 애플리케이션을 비롯해 다양한 애플리케이션 디자인 컨설팅을 경험했다. UI 설계, 사용성 테스트, 디자인 가이드라인 책정, 디자인 평가, OOUI 메소드와 트레이닝 프로그램을 개발하고 실시해 디자인 조직을 지원한다.

- Twitter: @atochotto

감수자 소개

우에노 마나부(上野学)

디자인 컨설턴트이자 디자이너다. 각종 비즈니스 애플리케이션, 웹/모바일/데스크톱 애플리케이션과 그외 다양한 인터랙티브 미디어의 휴먼 인터페이스 설계 및 사용성 평가에 종사한다. 소시오미디어에서 디자인 메소드 개발을 담당하고 있다. 집필, 강연 등 여러 활동을 하고 있다.

• Twitter: @manabuueno

옮긴이 소개

송지연

한국에서 수학과를 졸업한 후, 일본에서 컴퓨터 그래픽스 프로그래밍을 전공했다. 15년 넘게 일본과 한국의 3D, 게임, 콘텐츠, 소프트웨어/웹 제작 업체에서 프로그래머이자 엔지니어로 활동했다. 이 경험을 바탕으로 현재 IT 전문 도서 번역 및 편집을 하고 있다.

『VR의 이해 2/e』(에이콘, 2021), 『재미나는 생각, AI와 게임』(에이콘, 2020), 『홀로그램 미래를 그리다』(에이콘, 2018), 『유니티 2D 디펜스 게임은 이렇게 만든다』(에이콘, 2018), 『다카무라 제슈 스타일 슈퍼 패션 데생』(에이케이커뮤니케이션즈, 2015) 등을 번역했다. 편집한 도서로는 『모바일 우선주의』(웹액추얼리코리아, 2016), 『모바일을 위한 웹디자인』(웹액추얼리코리아, 2016) 등이 있다.

옮긴이의 말

일상생활 중 얼마나 많은 부분을 소프트웨어가 차지하고 있는지 생각해 본 적이 있는가? 스마트 혁명이라고도 불리는 다양한 디바이스의 출현과 대중화를 지나, 코로나 시국이라는 어려운 시기를 겪으며 소프트웨어 의존도는 더욱 높아져만 가고 있다. 그 치열한 경쟁 속에 살아남는 소프트웨어는 무엇이 다른 것일까? 감히 단언컨대, 그것은 사람이다. 사람을 중심에 두고 만들어진 소프트웨어는 배우기 쉽고, 사용하기 쉽고, 기억하기 쉽다. 결과를 내는 데 중심을 둔 태스크 위주의 소프트웨어는 사람들이 실수하기 쉽고, 아주 불친절하며, 최악의 경우 사용자가 자신을 무능하다고 생각하게 만들기까지 한다. 누가 이런 소프트웨어를 소비하려 할까?

객체지향 프로그래밍[OOP]과 사용성이 화두가 된 지 꽤 오래지만, 아직도 사람 중심이 아닌 태스크 중심의 앱/웹사이트/서비스 등을 접할 때마다 안타깝기 그지없다. 나라와 나라의 경계는 물론 가상과 현실의 경계마저 무너지고 있는 요즘, 플랫폼이 무엇이든 소프트웨어 개발자라면 이 문제를 다시금 깊이 생각해 봐야 하지 않을까? 능숙한 개발자라면 지금까지 만들어 왔던 소프트웨어를 뒤돌아보며 앞으로의 일을 생각할 수 있을 것이며, 입문한 지 얼마 안 된 개발자라면 소프트웨어 전체를 어떻게 바라보고 프로그래밍해야 하는지 생각할 기회를 얻을 것이다.

이 책을 통해 모든 일은 사람에서 시작해서 사람으로 끝난다는 어찌 보면 간단한 사실을 생각해보고 배울 수 있기를 바란다. 또한 각자의 자리에서 좋은 생각과 과정을 거쳐 많은 사람이 편하게 쓸 수 있는 멋진 결과를 이끌어내 이 어려운 시기를 승승장구하며 나아가길 기원한다.

에이콘출판의 기틀을 마련하신 故 정완재 선생님 (1935-2004)

차례

3장. 객체지향 UI 설계 실천 87

들어가며

이 책의 테마는 오브젝트를 어떻게 나타내는가 하는 문제다. 현재 우리의 생활은 컴퓨터 테크놀로지로 둘러싸여 있으며, 일이나 놀이가 이뤄지는 장소는 점점 소프트웨어 안으로 이동하고 있다. 어느덧 물질이나 거리를 의식하지 않고 정보에 액세스해 커뮤니케이션할 수 있다. 하루 대부분의 시간을 소프트웨어 세계에서 보내고 있는 것이다. 소프트웨어를 이용할 때 접점이 되는 사용자 인터페이스 UI^User Interface는 이제 가상의 존재가 아닌 리얼한 오브젝트 그 자체다.

UI라는 것은 도구를 사용할 때 우리가 접하게 되는 부분을 말한다. 예를 들어 의자의 UI는 앉는 좌석이다. 또한 의자를 들어서 옮기는 경우에는 의자의 다리나 등받이도 UI라고 말할 수 있다. 원초적인 도구의 경우는 전체가 UI가 된다. 한편 내부 구성 체계가 있는 기계에서는 UI 개념이 사용자의 조작을 매개하는 경계의 면으로써 더 명확해지고 있다. 예를 들어 자동차나 세탁기는 핸들이나 버튼이 UI다. 그리고 컴퓨터와 같은 정보처리 도구에서는 UI야말로 해당 도구가 무엇인지에 대한 사용자의 인지를 만드는 최대 설계 테마다.

인간의 역사는 도구의 역사이며, 인간은 도구를 만들어 쓰는 것으로 환경과 소통하는 방식을 업데이트해왔다. 그런 의미에서 인공물이라는 것은 전부 인간과 환경 사이의 인터페이스인 것이다. 그리고 인공물에 의해 자신의 시점이 변경되고 환경이 다른 형태로 관련되는 것을 의미하며, 사람, 인공물, 환경을 명확하게 구별할 수 있는 것이 아니라, 일체의 상호작용으로 세계 인식을 만들어 내고 있는 것이다.

Copyright: Sonia Harmand/MPK-WTAP

가장 오래된 석기

이 사진은 330만년 전의 석기로, 지금까지 발견된 유물 중 가장 오래된 것이다. 330만년 전이라 하면 호모 사피엔스가 등장하기도 훨씬 전인 인류가 아직 원숭이에 가까웠던 원인 시대다. 즉, 도구의 역사라는 것은 현생 인류의 역사보다도 훨씬 오래된 것이다.

흔히들 말하지만, 사람의 지능이 발달하면서 도구를 만든 게 아니라, 도구를 만듦으로써 사람의 지능이 발달했다. 인간이 도구를 만든 것이 아니라 도구가 인간을 만들었다.

사람과 도구의 관계를 앨런 케이^{Alan Curtis Kay}는 다음과 같이 말했다.

> 66 인간은 도구를 만든 동물이지만, 도구의 사용법을 배우는 것이 우리 자신을
> 바꾼다는 점에 도구와 인간의 본질이 있음을 의미한다. 99

Alan Kay 『User Interface: A Personal View』(1989)

또한 애플^{Apple}의 초기 휴먼 인터페이스 가이드라인^{Human Interface Guidelines}에는 다음과 같이 쓰여 있다.

❝ 사람들은 복잡하고 다양하지만 이를 즐깁니다. 하지만 휴먼 컴퓨터 인터렉션의 프레임워크를 제공하는 인간의 활동 이론은 너무 동떨어져 있습니다. 왜냐하면 컴퓨터 자체가 우리들의 사고 방식, 느끼는 방식, 행동하는 방식을 바꿔 버리기 때문입니다. 컴퓨터의 설계와 인간의 활동은 함께 진화해야 합니다. **❞**

Apple Computer 『Human Interface Guidelines: The Apple Desktop Interface』, 1987

여기서 시사하고 있는 가치관은 사람과 도구는 상호 작용해 발전하는 것이며, 이 결합물을 만들어 내는 것이 인공물에서의 디자인이 맡은 역할이라 할 수 있다.

도구를 잘 만들어 그것이 자신의 일부처럼 될 때의 자기 귀속감과 자기 확장감은 도구의 존재성을 드러낸다. 하지만 이는 자신의 컨트롤과 환경의 컨트롤을 구분할 수 없게 만든다. 이 상태를 주객통합적 관점에서 바라보면 자신의 확장으로 도구가 귀속돼 있는 동시에 도구의 인터페이스로써 자신이 접속돼 있다.

도구라는 것이 세계와의 관계 방식, 세계에 대한 우리들의 인식을 거울과 같이 반영하면 그 인터페이스는 자신의 세계인 동시에 자신의 투영이라 말할 수 있다.

소프트웨어와 디자인

소프트웨어 UI는 1980년대 이후, 컴퓨터 보급과 함께 디자인 분야로 발전해왔다. 그리고 2000년대 웹, 2010년대의 모바일 앱이 융성하면서 UI 디자인에 대한 관심이 점점 높아지고 있다. 세상에는 다양한 디자인 노하우나 프로세스 이론이 넘쳐나고 비즈니스에서 사용자 경험User Experience의 중요성이 널리 알려졌다.

그러나 그와 동시에 소프트웨어 디자인의 평가가 사업자 관점의 비즈니스 효과라는 범위로 줄어들어 인간 관점의 도구의 성질이라는 순수한 관점이 없어지고 있는 것 같다. 디자인의 힘을 응용해 사용자를 특정 행동으로 유도하고 사업자에게 유리한 길로 인도하는 것이 UI의 역할로 인식되고 있는 것이다. 사용자는 소프트웨어를 사용해 무언가를 하는 것이 아니라 소프트웨어에 의해 무언가를 하게 된다.

사용하기 어려운 소프트웨어가 많은 이유는 개발자의 사용성^{usability}에 관한 지식이나 경험 부족도 있지만, 애초에 소프트웨어의 목표가 사용자가 아닌 사업자의 목적에 따라 설계되기 때문이다.

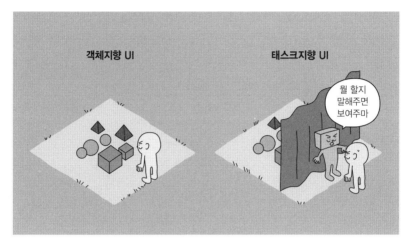

객체지향 UI와 태스크지향 UI

이 그림에서는 객체지향 UI와 태스크지향 UI를 비교하고 있다. 객체지향 UI에서는 오브젝트를 사용자에게 직접 보여준다. 사용자는 오브젝트를 손에 들어 바라보고, 움직여도 보며 자기 나름의 의미성을 끄집어 낸다. 시스템은 사용자 측에 속해 있고 목표(오브젝트)를 가리는 건 하나도 없이 투명하다.

일의 대상이 보이고, 대상에게 행할 수 있는 액션이 보이고, 그 결과도 언제나 보인다면 사용자는 도구를 사용해서 할 수 있는 것과 도구의 역할을 스스로 발견하고 타당성을 느끼며 일을 구성해 나갈 수 있다. 이러한 일은 즐거운 법이다.

한편 태스크지향 UI에서는 시작 포인트에서 우선 수수께끼의 인격이 가로막는다. 사용자는 그 인격에게 오브젝트에 접근할 수 있게 해달라고 허락을 구해야 한다. 시스템은 사업자나 권력자라는 인격에 속하며, 사용자는 그 인격이 의도한 형태로만 사용할 수 있다. 태스크지향 UI는 그러한 모종의 방만함을 항상 두르고 있다. 태스크지향 UI에서 사용자가 가장 먼저 의식해야 할 것은 정해진 태스크이며 시스템은 목적을 가리는 걸림돌이 된다.

현대 디자인의 대부분은 태스크지향 쪽으로 발달했다. 즉, 디자인이라는 것을 어떤 형체를 띤 과제에 대한 해결 절차로서 좁게 파악해 시스템의 전체성을 경시하고 부분 최적화로 편중시킨다. 또한 테크놀로지로 사람들의 사행심을 자극하고 행동을 지배해 맹목적인 소비욕을 증폭시키며, 권력자의 요구에 맞게 다른 사람들을 일방적으로 태스크에 종속시키고 있다.

그러한 목표를 동기로 한 태스크지향 디자인은 사람과 도구의 상호 발전적인 결합을 끊고, 일에서 창조성을 빼앗고, 사람들을 착취 구조에 가둬 버린다.

객체지향 디자인의 목적은 그와 같은 구조를 벗어나는 것이다.

사용자 인터페이스라는 말에는 컴퓨터 화면이라는 의미가 들어 있지 않다. 사용하는 사람과 대상을 잇는 것은 전부 UI다. 애당초 다뤄야 할 대상 = 오브젝트가 '존재한다'라는 전제 자체가 UI의 개념이다. UI는 처음부터 존재론적이며 객체지향인 것이다. 극단적으로 말하면 태스크지향 = 종속적으로 행동할 뿐인 시스템에 UI는 없다. 일방적인 강제성만 있을 뿐이다.

객체지향 디자인이란 것은 사용자가 대상에 직접 접근할 수 있도록 하는 것을 말한다. 즉, 사람들을 각각의 목표에 접속하는 것. 사용자가 자기 나름의 방식으로 목적을 향해 갈 수 있는 것. 행동 가능성을 열어둬 해당 도구를 사용함으로써 일이나 놀이에 대한 자신의 의미 공간을 창조할 수 있도록 하는 것. 직관적 인식을 가지고 잠재적인 과제에 임해서 도리를 분별해 다른 시점을 얻을 수 있도록 하는 것이다.

이 책에서 설명하는 '객체지향 사용자 인터페이스'의 목적은 디자이너의 일을 다시 파악하려는 것도 있다. 많은 일에는 정해진 절차가 있지만, 절차를 따라 하는 것이 일은 아니다. 객체지향 사용자 인터페이스 디자이너는 일의 본질을 파악해 작업에 다른 의미를 부여한다. 업무의 형체를 파헤치고, 그것을 창조의 장으로 재구성^{reframe}하는 것이다.

그런 의미에서 우리들의 생활과 소프트웨어가 더 밀착돼 가는 앞으로의 시대에 디자이너는 객체지향 사용자 인터페이스의 관점으로 사람들에게 새로운 세계 인식을 제시하는 역할을 맡고 있는 것이다.

객체지향 UI로의 전환

소시오미디어^{Sociomedia}는 디자인 컨설팅 회사로서 약 20년간 시스템 개발 현장에서 UI 디자인의 각종 메소드나 평가 수법을 시도해 왔다. 여기서 얻은 경험을 바탕으로 한 이 책은 우리가 가장 중시하고 거의 모든 디자인 안건에서 실천하고 있는 설계 기법인 '객체지향 사용자 인터페이스'를 설명한다.

지금까지 디자인 컨설팅 일로 수백 개의 업무 애플리케이션을 봐왔지만, 세상의 업무 애플리케이션의 80% 정도는 태스크지향의 UI 구성으로 돼 있는 것 같다. 그중 대부분은 객체지향 UI 구성으로 바꾸기만 해도 극적으로 개선될 수 있다. 디자인은 트레이드오프^{trade off}의 집합으로, 항상 유효한 메소드라는 것이 거의 없지만, '태스크지향에서 객체지향으로의 전환'만은 반기계적으로 할 수 있고, 이제는 문제 해결의 묘책이라 해도 과언이 아닐 만큼 범용적이고 강력한 UI 개선법이다.

여기서 말하는 개선이란 조작 효율, 학습 효율, 업무 효율, UI 확장성 등의 향상을 의미한다. UI 구성을 태스크지향에서 객체지향으로 바꾸면 보통 화면 수는 5~20분의 1로 줄어든다. 그로 인해 같은 목적을 달성하는 데 필요한 조작 절차도 압도적으로 적어진다. 또한 설계도 간단해져 개발 공수도 저감되며 유지보수성도 높아진다. 기존 시스템의 UI가 복잡해 어려움을 겪고 있다는 담당자를 많이 봤지만, 그들은 그저 객체지향 사용자 인터페이스의 설계 기법을 모를 뿐이다.

1
객체지향 UI란 무엇인가

애플리케이션 디자인을 할 때 먼저 무엇을 단서로 UI를 상상하는가? 아이디어를 형태로 만들려면 어떤 실마리가 필요하다. 이미 여러 애플리케이션을 디자인해 봤다면 따로 의식하지 않아도 그간의 경험에서 자연스레 디자인 원형을 떠올릴 수 있을지도 모르겠다. 또한 UI 디자인 경험이 아직 별로 없다 해도 평소에 다양한 애플리케이션을 사용하며 특징을 관찰하고 있다면 해당 지식을 단서로 쓸 수도 있을 것이다.

반면 애플리케이션 디자인이라고 해도 바로 이미지가 떠오르지 않는 사람도 있을 것이다. 그럴 경우에는 어떻게 UI를 디자인하는 것일까? 지금부터 아주 간단한 예로 단순한 UI 디자인을 이끌어 내는 방법을 알아보자.

1-1 목표 드러내기

사용자 요구와 태스크

여러분의 취미가 독서라고 해보자. 책장이 책으로 가득 차 있어 가끔 이미 갖고 있는 책을 실수로 또 사버릴 때가 있다. 그래서 '장서 앱'을 만들어 가지고 있는 책을 등록하기로 했다.

일반적인 디자인 방법은 먼저 해당 애플리케이션에서 사용자가 수행하는 것 = 태스크를 상정하고, 해당 태스크에 따른 UI를 생각하는 것이다. '장서 앱'에서 생각할 수 있는 태스크는 다음과 같다.

- 책 제목, 저자, 출판사, 출판일을 등록한다.
- 책을 검색해 이미 갖고 있는지 확인한다.

이 태스크 상정을 단서로 UI를 그려보면 다음 그림과 같다.

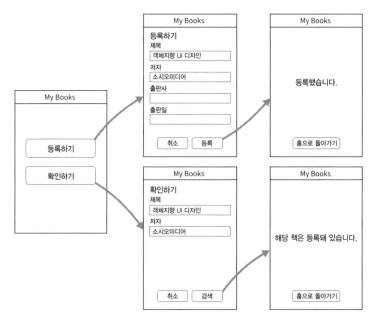

그림 1-1-1 태스크 상정을 단서로 한 UI

이것으로 상정했던 태스크에 맞는 UI 디자인이 나왔다.

그런데 실제로 애플리케이션을 만들다보니 몇 가지 추가 요구가 나왔다. 예를 들어 다음과 같다.

- 잘못 입력한 책 정보를 수정한다.
- 책을 처분했을 경우에 등록한 책을 삭제한다.
- 다 읽은 책의 감상문을 쓴다.
- 모든 책을 리스트로 만들어 한눈에 볼 수 있게 한다.
- 책을 저자별이나 출판사별로 나열한다.

이 새로운 요구를 다 넣으려면 UI는 그림 1-1-2처럼 장황해진다. 수행하는 일별로 시작 포인트가 줄지어 있을 뿐인 그야말로 아마추어 같은 디자인이다.

문제는 이 UI가 사용자의 목적을 드러내지 않고 있다는 점이다. 목표가 보이지 않기 때문에 태스크만 나열된 형태로 도구로써의 통합이 결여돼 있다. 이 애플리케이션이 어떤 정보를 다루고 전체 모습은 어떻게 돼 있는지 확실하지 않다. 그저 설계자의 머릿속에만 암묵적으로 상정돼 있을 뿐이다. 여기서는 애플리케이션이 전제하고 있는 문제와 해법이 이용자에 대한 자의적인 행동 통제로 결정돼 있다. 그렇다면 목표라는 것은 무엇을 말하는가?

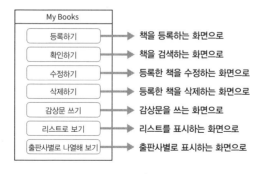

그림 1-1-2 새로운 요구를 충족시킨 UI

목적 = 오브젝트

앞에서 기술한 과제는 객체지향 UI로 해결할 수 있다. 목적 = 오브젝트를 기점으로 UI를 디자인하는 경우 목적은 '책'이다. 책 정보를 등록하거나 검색하는 것이 애플리케이션에 상정된 태스크지만, 해당 태스크 대상인 오브젝트, 관심을 기울이고 있는 것은 다름 아닌 '책'이다. 따라서 객체지향 UI에서는 사용자에게 '책'의 존재를 보여주는 것이 핵심 활동이다. 해당 UI는 그림 1-1-3처럼 될 것이다.

해당 UI에서는 먼저 장서를 일람표로 보여준다. 마치 자기 책장을 보는 듯 하다. 관심 대상인 '책'이 그대로 화면 안에 있다.

이것이 객체지향 UI다. 여기서 책을 검색하거나 한 권을 골라 내용을 확인/편집하거나 새로운 책을 등록할 수 있게 한다.

나중에 자세히 설명하겠지만, 스마트폰이나 컴퓨터 화면에서는 태스크를 기점으로 구성한 태스크지향 UI가 아닌, 오브젝트를 기점으로 구성한 객체지향 UI를 더 자연스럽게 다룰 수 있다. 하지만 세상에 있는 수많은 UI는 태스크지향 디자인으로 돼 있다. 사용자의 목적 = 오브젝트임을 무시한, 쓰기 불편하고 알기 어려운 UI가 만연해 있다.

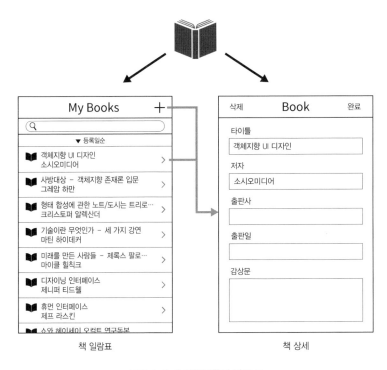

책 일람표   책 상세

그림 1-1-3 객체지향에 따른 UI

1-2 돈이 먼저인가 상품이 먼저인가

벌써 몇 년전 이야기지만, 점심에 평소처럼 규동 체인점에 갔더니 터치 패널식 식권 판매기가 새로 들어와 있었다. 해당 판매기의 UI는 너무 참혹했다. 먼저 매장 안에서 먹을지 포장해 갈지를 고른 다음 상품 카테고리를 선택한다. 그러고 나면 그림 1-2-1과 같은 메뉴 화면이 표시된다.

먹고 싶은 상품 버튼을 눌렀는데, 갑자기 "먼저 돈을 넣어주세요!"라고 큰 소리로 기계가 외쳤다. 상품 일람표가 떠있길래 그중 하나를 고른 것뿐인데 왠지 혼이 나고 말았다. 돈을 넣고 다시 한 번 상품 버튼을 눌렀더니 무사히 식권을 구매할 수 있었다.

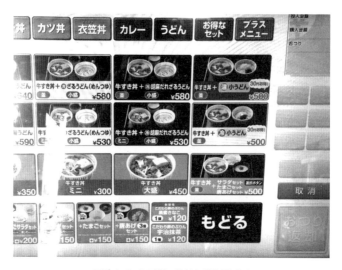

그림 1-2-1 터치 패널식 식권 판매기

누가 봐도 이상한 UI

누가 봐도 UI 설계가 이상하지 않은가. 메뉴를 표시해 놓고는 누르면 안 된다니, 의미가 분명하지 않다. 그럼 어떤 디자인이면 좋았을까? 메뉴 화면 어딘가 눈에 띄는 곳에 "먼저 돈을 넣어주세요."라는 주의문을 넣으면 되는 걸까? 아니면 "먼저 돈을 넣어주세요."라는 메시지만 표시하고 사용자가 돈을 넣을 때까지 메뉴를 표시하지 않는 게 좋을까?

답은 간단하다. 상품을 나열한 다음 돈을 넣게 하면 된다.

사람들이 가게에서 물건을 살 때, 보통은 먼저 상품 진열대나 메뉴를 둘러보면서 갖고 싶은 것을 고르고, 계산대에 가져가거나 하는 구입 의사를 밝히면 그 때 돈을 청구한다. 먼저 돈을 지불한 다음 상품을 고르는 경우는 없다.

예외의 경우는 음료 등을 판매하는 자판기다(그림 1-2-2). 마을 여기 저기에 있는 자판기는 대개 먼저 돈을 넣지 않으면 상품을 고를 수 없게 돼 그런 순서가 된 데는 기계 구조상의 역사적인 경위가 있겠지만, 물건을 살 때의 기본 흐름(상품을 고른 다음 돈을 낸다)과는 반대여서 이상한 것에 익숙해져 있다고 말할 수 있다.

그림 1-2-2 일번적인 음료 자판기

그림 1-2-3 최근의 전자 화폐 대응 자판기

다만 최근의 전자 화폐 대응 자판기나 역에 있는 차표 발매기 등에서는 먼저 상품을 고르도록 돼 있는 것도 늘어나고 있다(그림 1-2-3). 상품 버튼을 먼저 눌러도 좋고, 기존 자판기처럼 돈을 먼저 넣어도 되므로 사용자가 혼란을 겪지 않을 것이다.

테스트할 필요도 없는 문제

규동 가게의 식권 판매기를 설계했던 사람은 무의식적으로 길가에 놓인 음료 자판기의 조작 절차를 따라했을지도 모른다. 하지만 터치 패널에서 몇 번의 선택 조작 도중에 돈을 넣어야 할 타이밍을 암묵적으로 설계한 것은 큰 혼란을 야기한다.

판매기의 인터랙션이 너무 엉망이라 규동 가게에 갈 때마다 다른 손님이 판매기를 사용하는 모습을 관찰하게 됐다. 아주 많은 사람이 상품을 먼저 고르는 바람에 기계한테 혼이 났다. 10명 중 8명이 당했다. 무사히 넘어간 나머지 2명은 아마도 과거에 몇 번인가 이 기계에 이미 혼난 적이 있어 먼저 돈을 넣는 것을 익힌 사람일 것이다. 그런데 어느날 외국인으로 보이는 5명 정도가 한 명씩 식권을 사려고 했다. (물론) 맨 처음 사람은 혼이 났다. 게다가 "먼저 돈을 넣어주세요."라는 일본어를 알아듣지 못해 몇 번이나 상품 버튼을 누르는 바람에 계속 혼이 났고, 점차 패닉 상태가 돼 결국 포기하고 가게를 나가 버렸다(근처에 점원은 없었고, 나는 에스노그래퍼로서 냉혹하게 관찰하고 있었다).

규동 가게와는 다른 계열의 음식점에서도 OEM^Original Equipment Manufacturer 으로 여겨지는 같은 기계를 본 적이 있다. 그쪽도 같은 작업 절차로 돼 있어 고객의 혼란을 초래하고 있었다. 해당 식권 판매기의 설계자 또는 품질 관리자는 개발 중에 사용성 테스트를 하지 않았을 것이다. 테스트를 내가 실제로 목격했던 것처럼 대부분의 사용자가 잘 사용할 수 없다고 판명났을 것이다. 어쨌든 경험 많은 UI 디자이너의 입장에서 해당 디자인은 테스트를 할 필요도 없는 문제임이 자명하다. UI가 객체지향으로 돼 있지 않기 때문이다.

1-3 객체지향 UI

객체지향 UI란 오브젝트를 단서로 조작 설계된 UI를 말한다. 애플리케이션의 UI 구성을 정할 때 오브젝트를 단서로 화면과 데이터를 대응하게끔 만든 방법론이 객체지향 UI 설계다.

오브젝트란 애플리케이션이 취급하는 정보 오브젝트를 말하며, 사용자가 조작할 때의 대상물이다.

소프트웨어를 만들 때 해당 구성 단위를 오브젝트 = 사용자의 관심 대상물에 대응시킨다는 개념을 객체지향이라 부른다. 현재 주요 프로그래밍 환경의 대부분은 객체지향 컨셉을 도입하고 있다. 객체지향 UI는 이 객체지향 UI 설계를 반영한 것이다.

현재 사람들이 사용하고 있는 스마트폰이나 컴퓨터 UI는 GUI^{Graphical User Interface}라 불리는 것으로, 정보나 기능을 그래픽으로 나타내 손가락이나 마우스로 직접 만지듯 조작할 수 있도록 한 것이다. GUI는 원래 앞서 말한 객체지향 프로그래밍 컨셉에 맞춰 고안됐다. GUI를 실현하기 위해 객체지향 프로그래밍 환경을 조성하고, 객체지향 프로그래밍이 발전하면서 GUI가 보급됐다. 따라서 GUI는 애초에 컴퓨터 UI를 객체지향으로 해서 나온 표현이다.

달리 말하면 객체지향 UI의 원칙을 '그래픽'으로 적용했던 것이 GUI 다.

하지만 세상에는 겉보기에는 그래픽컬이지만 조작 설계가 객체지향이 아닌 UI가 넘쳐나고 있다. 이 말은 GUI의 사용하기 쉬운 이유가 그저 화면을 그림으로 구성하는 것이라 좁게 인식하고 있는 개발자나 디자이너가 많다는 것을 의미한다. GUI가 사용하기 쉬운 이유는 정보나 기능을 그래픽으로 표현할 뿐만 아니라 오브젝트 관점에서 정리한다는 핵심 때문이다. 그래픽컬하게 표현한 UI라 하더라도 오브젝트를 기반으로 조작을 체계화하지 않으면 사용하기 어려운 시스템이 돼 버린다.

객체지향 UI의 원칙

6장에서 자세하게 설명하겠지만, 소프트웨어 UI를 객체지향으로 디자인하려는 시도는 디지털 컴퓨터의 여명기부터 이뤄지고 있었다. 그리고 객체지향 사용자 인터페이스^{OOUI, Object Oriented User Interface}라는 단어는 1980년대 초 GUI 시스템의 실용화 시작과 동시에 생겨났다. 하지만 GUI라는 단어가 UI 디자이너나 소프트웨어 개발자 사이에 일반화돼서인지 본래의 컨셉을 나타내는 객체지향 UI라는 단어는 널리 쓰이지 않았다.

이 책에서는 객체지향 UI라는 단어에 다시 주목해 지금까지 연구되고 언어화돼 왔던 노하우를 다시 정리한다. 동시에 이를 현대적인 소프트웨어 환경에서 발전시켜 독자적으로 새롭게 메소드화하고 있다.

이 책에서 설명하는 객체지향 UI의 설계 기법은 GUI 애플리케이션을 디자인할 때의 기본적인 테크닉이며, 소프트웨어 디자이너/프로그래머라면 충분히 이해하고 있어야 한다고 생각한다. 하지만 해당 기법을 처음부터 제대로 설명한 문헌이 적고, 현실에서는 잘 이해되지 않는 것 같다. 특히 업무 애플리케이션 기획자나 설계자 사이에서는 거의 알려져 있지 않다.

그래서 먼저 GUI의 기본적인 특징을 확인한다는 의미를 포함해 객체지향 UI의 원칙을 정리해보겠다.

객체지향 UI의 원칙

- 오브젝트를 지각할 수 있고 직접 움직일 수 있다.
- 오브젝트는 자신의 성질과 상태를 나타낸다.
- 오브젝트 선택 → 액션 선택의 조작 절차
- 모든 오브젝트가 서로 협조하면서 UI를 구성한다.

오브젝트를 지각할 수 있고 직접 움직일 수 있다

객체지향 UI에서는 컴퓨터를 사용해 사용자가 행하는 조작 대상을 바로 지각할 수 있는 모양이나 상태로 나타낸다(그림 1-3-1). 조작 대상, 즉 애플리케이션, 콘텐츠, 입력 폼, 기능적 처리 등이 아이콘, 윈도우, 텍스트, 그래픽, 입력란, 선택지, 메뉴, 버튼이라는 형태를 동반해 화면상에 나열된다. 사용자는 손가락이나 마우스로 대상을 직접 가리키고, 밀거나 당기면서 표시 내용의 변화를 확인하고 작업을 진행해 나간다.

그림 1-3-1 오브젝트를 지각할 수 있고 직접 움직일 수 있다.

당연한 말처럼 들릴 수도 있다. 예를 들어 유닉스^{UNIX}를 조작하는 터미널 화면은 텍스트로 명령어를 타이핑하면 결과가 텍스트로 표시된다. 여기서는 처음부터 조작 대상이 보이지 않으며, 사용자는 머릿속으로 컴퓨터 안에 있는 정보 구성을 상상하면서 키보드로 명령어를 입력한다. 그리고 표시된 결과를 보고 다시 머릿속에서 다음 조작을 명령문으로 짜서 텍스트로 입력한다. 이러한 명령어 기점의 조작 모델을 CLI$^{Command-Line Interface}$라고 부르며, 오브젝트 기점의 GUI와는 대조적인 UI 표현이다.

CLI에서는 컴퓨터에 명령문을 입력해 간접적으로 처리를 의뢰한다. 그래서 복잡하고 연속적인 처리를 짧은 명령으로 실행하는 데 적합하다. 한편, 제대로 잘 다루려면 컴퓨터 내부 프로그램이나 데이터의 개념적 구성을 올바르게 이해하고 있어야 하며, 키보드를 익숙하게 조작할 수 있어야 한다. 또한 다양한 명령어와 구문을 미리 알고 있어야 하고, 처리 결과로 표시되는 텍스트를 올바르게 파악하는 등 필요한 요건이 있어 컴퓨터 기술자가 아니면 쉽사리 접근하기 어렵다.

객체지향 UI는 일상생활 중에 작업할 때처럼 대상물을 보면서 만질 수가 있어서 작업 결과를 대상물의 변화로 바로 확인할 수 있다. 키보드 조작은 문자 정보를 입력할 경우에 한하며, 그 이외 조작은 보고 있는 대상을 손가락이나 마우스 등으로 가리키는 원시적인 신체 동작으로 처리한다. 이러한 조작 모델을 만들기 위해 정보 묶음이나 기능적 처리의 개념 단위를 윈도우나 메뉴와 같이 눈으로 볼 수 있는 형태로 대상화한 것이 객체지향 UI다.

오브젝트는 자신의 성질과 상태를 체현한다

객체지향 UI는 컴퓨터를 쓰는 작업에 필요한 개념을 지각 가능한 형태로 대상화하고 있다. 윈도우, 리스트, 이미지, 문자, 아이콘, 파일, 폴더, 메뉴, 버튼, 스크롤하는 영역 등은 전부 정보나 기능을 조작 대상으로써 대상화한 오브젝트다. 사용자는 이 오브젝트를 보고 그것이 무엇인지, 어떤 상태에 있는지, 무엇을 할 수 있는지 등을 파악한다.

사용자가 작업 진행을 이해하고 다음에 해야할 조작을 올바로 판단할 수 있도록하기 위해 각 오브젝트는 언제나 자신의 성질과 현재 상태를 형태나 색상 등으로계속 나타내야 한다. 예를 들어 파일이라는 개념을 대상화한 아이콘이 있는 경우, 그것이 파일인지, 선택돼 있는지, 드래그 중인지, 락이 걸려 있는지, 조작 가능한 상태인지, 파일 내용을 다운로드 중인지, 파일 내용은 어떤 것인지 등 가능한 한 쉽게 알아볼 수 있는 형태로 표현해야 한다(그림 1-3-2).

| 보통 상태 | 선택된 상태 | 드래그된 상태 |

| 락이 걸려 있는 상태 | 숨김 파일 상태 | 다운로드 중인 상태 | 프리뷰로 내용 표시 |

그림 1-3-2 오브젝트는 자신의 성질과 상태를 나타낸다.

이러한 실시간 상태 표현을 통해 사용자는 해당 오브젝트가 정말 그곳에 있고, 직접 조작에 반응하는 물리성을 가진 '물체'로 느끼게 된다. 논리적이고 개념적인 컴퓨터 안의 정보를 물체처럼 느끼게 해서 일상 생활에서의 작업과 같은 감각으로 컴퓨터를 취급할 수 있도록 하는 것이 객체지향 UI의 역할이다.

오브젝트 선택 → 액션 선택의 조작 절차

객체지향 UI의 큰 특징은 해당 조작이 '오브젝트 선택 → 액션 선택' 절차로 돼 있다는 점이다(그림 1-3-3). 사용자는 오브젝트, 즉 조작 대상을 먼저 선택하고, 대상에 대한 액션을 선택한다. 이는 '명사 → 동사' 순서라고도 말할 수 있다.

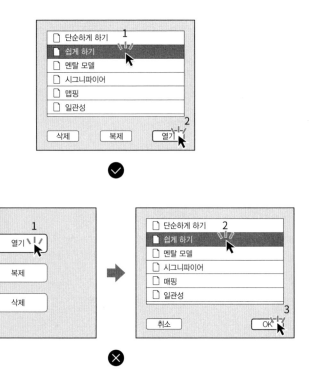

그림 1-3-3 오브젝트 선택 → 액션 선택의 조작 순서

대상을 먼저 선택한 다음 액션을 일으키는 조작 절차성은 일상에서 하는 행위와 서로 통한다. 눈 앞에 있는 사과를 베어 먹을 때, 먼저 대상인 사과를 손으로 잡은 다음 베어 문다. 한 입 베어 문 다음 사과를 잡는 사람은 없다. 목적을 달성하고자 할 때의 행동 흐름으로서 '명사 → 동사' 구문은 자연스러운 것이다.

객체지향 GUI는 자연스러운 구문 때문에 '명사 → 동사' 순서로 조작된다. 예를 들어 파일을 열 때, 대상인 파일을 선택한 다음 '열기'라는 액션을 선택한다. 혹은 워드 프로세서의 소프트웨어에서 문자 스타일을 변경할 때, 대상인 문자열을 선택한 다음 원하는 스타일을 선택한다. 한편, 명령어 기점의 CLI에서는 조작 순서가 반대다. 즉, '동사 → 명사' 순서로 입력한다. 명령문은 동사인 명령어를 타이핑한 다음 명사인 인수를 타이핑한다.

CLI 조작이 동사 지정으로 시작하는 이유는 해당 조작 모델이 컴퓨터로의 명령 체계로 설계돼 있기 때문이다. 사용자는 영어 명령문을 본 뜬 커맨드라인을 입력해 작업을 진행한다. 영어 명령문은 동사에서 시작한다. 그에 비해 GUI 조작 모델은 컴퓨터에 대한 명령이 아닌, 눈 앞에 있는 대상물을 사용자가 자기 손으로 만지고 조종하는 것이다. 이 직접적인 조작성이 객체지향 UI의 특징이며, 그러기 위해 사용자는 먼저 대상에 의식을 기울이도록 돼 있다.

GUI라고 하면 그래피컬하다는 것이 특징이라 생각하겠지만 진짜 특징은 객체지향이라는 것이다. 즉 사용자에게 대상물을 먼저 제시하고 이를 직접 골라내는 것부터 작업이 시작되는 '명사 → 동사'의 조작 구문이다.

모든 오브젝트가 서로 협조하면서 UI를 구성한다

객체지향 UI에서는 컴퓨터로 하는 작업에 필요한 여러 개념이 대상화돼 눈에 보이도록 돼 있다(그림 1-3-4). 화면을 구성하는 요소는 전부 오브젝트로서 뭔가를 표상하고 있다. 여러 가지 오브젝트가 자신의 성질을 나타내며 나열되고, 작업 공간 전체를 구성한다. 여기서 사용자가 컴퓨터 세계를 구조적으로 인식할 수 있도록 오브젝트끼리 협조하면서 표현해야 한다.

그림 1-3-4 모든 오브젝트가 서로 협조하면서 UI를 구성한다.

컴퓨터 화면은 보통 가로축과 세로축을 지닌 2차원 영역이다. 그리고 그 위에 각 오브젝트를 논리적인 공간 구성, 시각적 게슈탈트 법칙에 따라 배열한다. 예를 들어 중요한 것은 더 크게, 중요하지 않은 것은 더 작게 나타난다. 같은 종류는 같은 형태와 색으로, 다른 종류는 다른 형태나 색을 띤다. 병렬 관계에 있는 것은 정렬되는 위치 관계로 나열하고, 포함 관계에 있는 것은 영역의 네스팅 구조로 표현한다. 또한 계층 구조 등 논리적인 전개 관계에 있는 오브젝트끼리는 위에서 아래로, 왼쪽에서 오른쪽 순서로 인식된다는 전제 하에 배치한다(아랍어권 등 RTL식 UI에서는 오른쪽에서 왼쪽으로 배치한다).

이렇게 다양한 오브젝트가 전체로서 일관된 표현 룰을 기반으로 조합돼 작업 공간을 형성한다. 그리고 이를 화면에 계속 표시한다. 사용자 조작 등에 대응해서 작업 상태에 변화가 일어나면 해당 오브젝트는 자신의 형태나 색에 변화를 줘 사용자에게 지금 상태를 피드백한다. 사용자는 자신이 취한 행동(예를 들어 요소를 탭하기)과 그에 따른 오브젝트 변화(요소가 강조됨)로 UI 전체의 차이값으로 의미를 부여(요소를 선택)해 학습할 수 있다.

이러한 객체지향 UI에서는 일상에서 세계와 관계를 맺는 법을 학습하는 것과 같은 방식으로 컴퓨터 세계의 구성이나 행동을 자연스레 이해하고 컴퓨터와 관계를 맺는 법을 체득한다.

> 66 도구라는 것은 그 도구의 성질에 따라 언제나 다른 도구와의 상속(相屬)성에
> 근거해 존재한다. 잉크스탠드, 펜, 잉크, 종이, 책받침, 책상, 램프, 가구, 창, 문,
> 방은 상속이다. 이러한 '사물'이 개별적으로 나타나고, 그대로 실재적인 것의
> 총합으로서 하나의 방을 채우는 것은 아니다. 99

마틴 하이데거, 『존재와 시간』(동서문화사, 2016)

1-4 객체지향인가? 태스크지향인가?

GUI처럼 오브젝트를 기점으로 설계된 조작 모델을 '객체지향 UI'라 부르는 반면, CLI처럼 동사를 기점으로 설계된 조작 모델을 동사 = 할 일을 지향하고 있다는 의미에서 '태스크지향 UI'라 부르겠다.

GUI는 윈도우^{Window}나 맥^{Mac}등의 PC, 아이폰이나 안드로이드 등의 스마트폰을 통해 널리 보급됐다. 또한 ATM이나 판매기, 복사기나 카메라 등의 내장형 화면 등 일상생활 속에서 그래피컬한 조작 화면을 자주 볼 수 있게 됐다. 하지만 이러한 조작성이나 기계 구성을 잘 살펴보면 객체지향 설계가 아닌 경우가 많다. 특히 업무용 애플리케이션이나 임베디드 계열 소프트웨어는 대부분 태스크지향 조작 모델이다.

규동 가게에 있었던 식권 판매기의 UI도 객체지향이 아닌 태스크지향이다. 대상(상품)을 고르기도 전에 할 일(구입=입금)을 시키는 흐름이다. 겉보기에는 UI가 그래피컬해 '명사 → 동사' 구문을 채택한듯 보임에도 불구하고 말이다.

대상 오브젝트를 고르는 것부터 조작이 시작된다

객체지향 UI의 기본적인 조작 절차는 사용자가 대상(오브젝트)을 고르고, 그 다음에 해당 오브젝트에 대한 액션을 선택한다. 예를 들어 그림 1-4-1은 아이패드의 사진 앱인데 어떤 사진에 뭔가 처리하고 싶을 경우 사용자는 화면의 윗부분에서 사진을 고르고, 그 다음에 화면 아랫부분에서 액션을 고르게 돼 있다.

객체지향 UI란 간단하게 말하면 사용자가 대상 오브젝트를 고르는 것부터 조작이 시작된다는 것이다. 파일을 선택해 열거나, 도형을 선택해 색을 칠하거나, 상품을 선택해 결제한다.

그림 1-4-1 먼저 대상인 사진을 고른 다음 액션을 고른다(아이패드의 사진 앱).

태스크지향 UI의 문제

한편, 사용자가 먼저 태스크(할 일)를 고른 다음 인수로서 대상물이나 파라미터를 지정하는 것, 즉 '동사 → 명사' 순서로 조작하는 것은 태스크지향으로 설계된다.

앞에서 말했던 구식 음료 자판기는 태스크지향으로 설계돼 있다. 이것은 먼저 돈을 넣지 않으면 상품을 고를 수 없게 돼 있다. 구입 의사 표시로 돈을 지불한 다음, 구입 대상물을 지정하는 것이다. 즉 '동사 → 명사'의 흐름이므로 태스크지향 UI다.

하지만 가게에서 물건을 살 때의 일반적인 흐름은 먼저 상품 진열장이나 메뉴에서 원하는 것을 고르고, 그 다음에 계산대에 가져가는 등 구입 의사를 나타내면 요금을 청구한다. 먼저 돈을 지불한 다음 물건을 고르는 일은 없으므로 자판기의 조작 순서는 부자연스럽다.

자판기의 UI의 또 다른 문제는 모드가 발생한다는 점이다. 먼저 돈을 넣은 사용자 구입을 그만두고 싶은 경우, 사용자는 돈을 되찾기 위해 반환 레버를 눌러야 한다. 돈을 넣는 단계에서 시스템이 '상품 선택 모드'에 들어가기 때문이다. '동사 → 명사' 식의 태스크지향 UI는 모달(모드가 있음)이며, 조작의 자유도를 빼앗아 불필요한 과정이 늘어난다.

자판기에서 먼저 상품을 고르도록 돼 있으면 이러한 모드는 생기지 않는다. 상품을 고른 다음 구입을 중지하고 싶어지면 사용자는 그곳을 떠나버리면 그만이다. 또한 상품 선택이 먼저면 다른 상품을 다시 선택하는 것도 간단해져서 새로운 상품의 버튼을 누르기만 하면 된다. 구입 의사 표시는 요금 지불이라는 액션에 집약돼 있고, 그 이외의 조작에는 리스크가 없고, 인지적 비용이나 신체적 비용도 최소한으로 끝난다. 먼저 대상물을 고른 다음 할 일을 고르는 '명사 → 동사'식의 조작은 모달리스(모드가 없음)이며 그것이 객체지향 UI의 우위성의 본질이다.

한편, 최신 전자 화폐 대응 자판기나 역의 차표 발매기 등에서는 먼저 상품을 고를 수 있는 것이 늘어나고 있다. 즉, 객체지향 설계로 바뀌고 있는 것이다. 객체지향 자판기에서는 상품 버튼을 먼저 눌러도 되고, 기존 자판기처럼 돈을 먼저 넣어도 괜찮기 때문에 사용자가 혼란을 겪을 일은 없다.

태스크지향의 GUI가 예외적으로 허용된 것은 ATM과 같이 오브젝트가 한정적이고 선택할 필요가 없는 경우(ATM의 경우는 '계좌'가 오브젝트이며, 해당 선택 행위는 입출금 카드를 넣는 동작과 일체화돼 있다)나 자기완결형 절차를 정형 입력 플로우로서 제공하는 경우다(그림 1-4-2).

```
          어서오세요
   원하시는 거래를 눌러 주세요

  세금·공과금 납입      입금       현금 인출

  카드론·신용 카드     통장정리      잔고 조회

    통장 이월      예금·적금·거래   암호변경·각종신고

      복권         계좌 이체       송금
```

그림 1-4-2 오브젝트 선택이 필요없는 경우 예외로 태스크지향을 허용한다.

이러한 경우는 사용자의 행동을 일부러 제한해 합목적성을 높이는 패턴이다. 하지만 사용자가 생산성에 대한 궁리를 하거나 능동적인 창조성을 기대하는 경우 또는 사용자가 정보 오브젝트 조작을 즐기거나 자유로운 소비 활동을 취할 수 있게 하고 싶다면 사용자가 통제권을 갖는 객체지향 UI를 목표로 해야 한다.

객체지향 UI와 태스크지향 UI 비교

객체지향 UI와 태스크지향 UI를 비교해 간단하게 정리하면 다음과 같다.

객체지향 UI

- 명사 → 동사
- 먼저 오브젝트를 고른 다음 해당 오브젝트에 대한 액션을 고른다.
- 내비게이션은 오브젝트(명사형)를 단서로 한다.
- 다양한 정보 시스템, 특히 작업자의 검색이나 창의적인 활동이 기대되는 경우 유효

태스크지향 UI

- 동사 → 명사
- 먼저 태스크를 고르고, 다음에 인수로서 오브젝트나 파라미터를 지정한다.

- 내비게이션은 태스크(동사형)를 단서로 한다.
- 오브젝트를 선택할 필요가 없는 경우 또는 정해진 형식의 입력 절차를 제공하는 경우에만 유효

태스크지향 UI 개선 비디오 카메라 화면

GUI의 기본을 잘 모르는 사람이 설계했다고 생각되는 시스템에서는 부주의로 인해 태스크지향이 돼 버린 것이 있다. 예를 들어 어떤 비디오 카메라의 터치식 액정 패널 화면에는 조작 메뉴가 그림 1-4-3과 같이 표시된다.

그림 1-4-3 비디오 카메라의 메뉴 화면

이 메뉴 화면에서 사용자가 방금 녹화한 것을 보고 싶다면 아마 '재생 기능'을 누를 것이다. 실제로 조작해보면 알겠지만, 이 때 이미 사용자는 불안을 느낄 것이다. '재생 기능'의 의미가 불명확(왜 '재생'이 아니라 '재생 기능'일까)하기 때문이다. 다른 '촬영 모드'나 '화질 및 화상 사이즈', '셋업' 등은 카메라 설정을 변경하기 위한 시작 포인트처럼 여겨져서 '재생 기능'도 재생 방법의 설정 화면을 여는 버튼일지도 모른다. 현재 관심 대상인 '방금 녹화한 데이터'가 화면에 명시되지 않는 것부터도 자신이 하고 싶은 일에 가까워지는 느낌이 들지 않는다. 이렇듯 '할 일' 선택이 시작 포인트로 돼 있는 것은 태스크지향 UI의 특징이며 GUI로써는 적당하지 않다.

재생은 어떻게 하나?

시험삼아 '재생 기능'을 눌러보니 녹화 데이터의 리스트가 표시될 줄 알았는데, 버튼 상태의 선택지가 나타난다. 거기에는 '이벤트 뷰', '맵 뷰', '하이라이트 동영상', '시나리오 재생'이라 적혀 있다(그림 1-4-4 ⓑ). 이러한 선택지가 지금 하고 싶은 비디오 재생과 무슨 관계가 있는지 예측할 수 있는 사용자는 많지 않을 것이다. 실제로는 '기록돼 있는 비디오 데이터 리스트를 어떤 형식으로 표시하는가'의 선택지인데, 여기에서도 지금 찾고 있는 '방금 녹화한 데이터'가 눈에 보이는 형태로 표시되지 않아 사용자는 왜 필요한지 이해할 수 없는 길을 굽이굽이 돌아간다 느낄 것이다.

잘 모르겠지만 '이벤트 뷰'를 선택해 보니 이번에는 이벤트(필시 날짜나 장소가 비슷한 데이터를 모아놓은 그룹)를 선택하는 화면이 나온다(ⓒ). 여기서도 목적인 '아까 녹화한 데이터'는 보이지 않는다. 가장 최근 날짜의 이벤트를 선택하면 간신히 데이터의 섬네일 리스트가 표시되고 사용자는 목적의 데이터를 볼 수 있다(ⓓ).

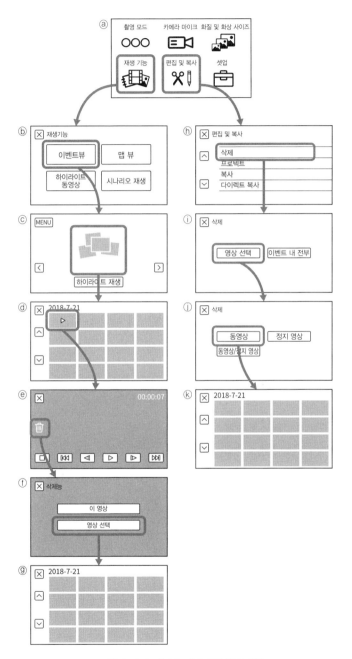

그림 1-4-4 비디오 카메라의 화면 이동

삭제는 어떻게 하나

사용자의 목적이 재생이 아니라 '불필요한 데이터를 삭제하고 싶다'라면 어떨까? 맨 처음 메뉴 화면을 다시 한 번 보자. '재생 기능'과 '편집·복사' 버튼이 있다면 데이터 삭제는 어느 쪽으로 들어가야 할까? 정답은 '편집·복사'다. 이 버튼을 누르면 서브 메뉴 항목이 표시되고 그 중에 '삭제'가 있다(ⓗ). 이 흐름 역시 앞에서 봤던 재생과 마찬가지로 먼저 '할 일'을 선택한 다음, 해당 대상을 고르게 된다.

사용자가 삭제할 데이터 리스트에 다다르려면 '편집·복사 → 삭제 → 영상 선택 → 동영상 → 데이터 리스트'라는 여러 화면을 거쳐야 한다. 이처럼 해당 선택이 정말 맞는지 모른채 앞으로 나아가야 하는 상황을 UI 설계 연구자인 앨런 쿠퍼는 '정보없는 합의'라 했다(앨런 쿠퍼의 『정신병원에서 뛰쳐나온 디자인』(안그라픽스, 2004) 중에서). 먼저 '할 일'을 선택한 다음 대상물이 보이지 않은 채로 '정보 없는 합의'의 어두운 터널을 나아가야 하는 태스크지향 UI는 인터랙션 비용이 높아(얻을 수 있는 결과에 비해 받은 인지적/신체적 부하가 부당하게 크다) 스트레스가 된다.

게다가 삭제 대상을 고르는 데이터 리스트 화면(ⓚ)은 재생 대상을 고르는 데이터 리스트 화면(ⓓ)과 거의 같은 내용인 점에 주목하길 바란다. 이는 데이터 리스트에서 원하는 것을 고르는 행위가 재생에서도 삭제에서도 공통적으로 필요함을 시사한다.

또 자세히 보면 재생 화면 안에는 휴지통 아이콘 버튼이 있으며(ⓔ), 이를 누르면 재생 중인 비디오를 삭제할 수 있다(ⓕ). 뿐만 아니라 거기서는 재생 중인 비디오 이외의 다른 비디오를 삭제할 수도 있다(ⓖ). 즉, 메인 화면에서 '재생'과 '편집'를 구분한 의미를 잃고 만다.

아마 설계 초기에는 '삭제'는 '편집·복사' 플로우에서만 할 수 있었는데, 이렇게 하면 '지금 재생 중인 것을 삭제하고 싶다'는 요구를 충족시킬 수 없음을 깨닫고, 재생 화면에 휴지통 아이콘을 넣었을 것이다. 그리고 거기서 다른 데이터도 삭제하면 편하겠다는 요구가 나와 구현한 것일지도 모른다. 하지만 그 결과 중복이 많고 자의적인 UI 구성이 되고 말았다.

객체지향 UI로 개선

이 디자인을 개선하는 일은 간단하다. 그림 1-4-5와 같이 UI 구성을 객체지향으로 하면 된다.

먼저 메인 메뉴 화면에는 '재생 기능'이나 '편집 · 복사'라는 애매한 동사적 표현이 아닌 명사적 표현인 '녹화 데이터 리스트'라는 말을 쓴다(ⓐ). 이로써 사용자는 재생하고 싶을 때도, 삭제나 프로텍트 등의 처리를 하고 싶을 때도 망설임 없이 누를 것이다.

'녹화 데이터 리스트'를 누르면 바로 데이터 리스트를 표시한다(ⓑ). 데이터 리스트는 심플하게 시간순(또는 역시간순)으로 하고, 그 외 그룹 표시는 옵션 취급 한다. 그리고 리스트 화면이나 재생 화면에서 사용자는 선택한 데이터 삭제, 복사, 프로텍트 등의 액션을 실행할 수 있다(ⓒ, ⓓ).

이렇게 구성하면 화면 수는 크게 줄고, 조작 과정도 간략해진다. 그리고 중복된 기능이 없어져 전체 기능 구성을 더 쉽게 파악할 수 있다.

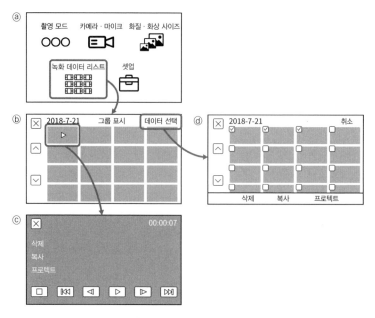

그림 1-4-5 객체지향 UI로 개선

태스크지향 UI 개선 음식 배달 서비스

태스크지향으로 설계된 UI의 또 다른 예로 흔히 볼 수 있는 배달 서비스 앱을 소개하겠다. 스마트폰에서 음식 배달을 주문할 수 있는 앱으로 그림 1-4-6과 같은 화면 이동이 이뤄진다.

주문은 어떻게 하나?

먼저 메인 화면에 '메뉴', '주문하기', '가게 검색'이라는 버튼이 나타난다(ⓐ). 이 단계에서는 '메뉴'와 '주문하기'의 의미가 어떻게 다른지 모른다. 배달을 주문한다는 의미는 거의 정해져 있지만, 주문하려면 당연히 상품을 먼저 골라야 할 것이다. '메뉴'를 누르면 상품 리스트가 나오겠지만, '주문하기'라는 버튼이 따로 있다는 것은 메뉴 화면에서는 주문할 수 없는 것일까? 이렇게 생각하고 '주문하기'를 눌렀다.

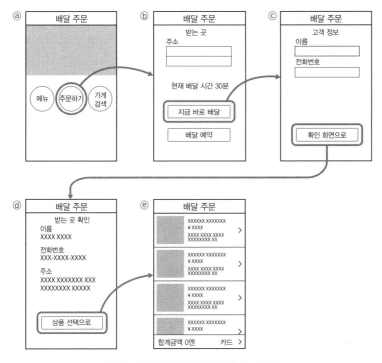

그림 1-4-6 음식 배달 서비스의 화면 이동

그랬더니 배달 받을 곳을 지정하는 화면이 표시되고 현재 배달 소요 시간 등을 알 수 있다. 하지만 그 아래 버튼에는 '지금 바로 배달'이라 적혀 있다(ⓑ). 이는 잘 보면 시간을 지정할지 말지의 선택지이지만, '지금 바로 배달'이라는 레이블만 보면 누르는 즉시 배달이 시작될 듯 보이는 데 문제가 있다. 그럼에도 달리 눌러야 할 버튼이 없는 듯해 이 버튼을 누르면 자신의 이름이나 전화번호가 표시된다 (ⓒ). 그리고 그 아래에는 '확인 화면으로'라는 버튼이 있다. 이번에야말로 버튼을 누르면 최종 확인 화면이 표시되고 주문을 확정할 수 있을 것 같다.

하지만 생각해보니 아직 상품을 고르지 않은 상태다. 구입할 상품을 아직 선택하지 않았는데 '확인 화면'이라니 대체 무엇을 확인하는 것일까? 여기서 이미 '어디에서 상품 선택 단계를 넘어가버렸지?'라는 생각이 들어 메인 화면으로 되돌아가 처음부터 반복하고 말았다.

실제로는 여기에서 '확인 화면으로'를 누르면 배달 방법의 확인과 더불어 '상품 선택으로' 버튼이 나타나고, 상품 리스트 ~ 장바구니 ~ 주문 확정까지 쭉 이어갈 수 있다. 하지만 상품을 선택하기 전에 무엇을 확인하지 않으면 안 되는지 흐름에 큰 위화감을 느꼈다.

이 디자인은 배달을 주문한다는 사용자의 목적을 태스크로 선형 플로우에 끼워 맞춘다는 발상으로 이뤄져 있다. 즉, 태스크지향 디자인인 것이다. 아마도 기존에 있던 전화 주문 접수 흐름을 그대로 화면 플로우로 한 듯하다. 하지만 전화 통화로 대화를 나누는 것같은 순차적 절차와 달리, GUI에서는 조작 순서를 자유롭게 할 수 있는 것이 중요하기 때문에 이 디자인은 행선지를 알 수 없는 터널 안을 걸어가는 것 같은 불편한 상태를 만들고 만다.

객체지향 UI로 개선

디자인을 개선하는 일은 간단하다. 그림 1-4-7과 같이 객체지향으로 바꾸면 된다. 먼저 메인 메뉴에 바로 상품 리스트를 표시하고, 사용자가 바로 상품을 선택할 수 있도록 한다. 그리고 언제든지 장바구니 내용을 확인할 수 있게 한다. 장바구니 화면에는 주문 버튼을 두고, 거기에서 배달받는 곳 지정 등의 주문 플로우로 들어가게 한다. 이 방법이 가장 심플하며 보통의 구성이라 생각한다. 사용자는 배달 음식을 주문하기 위해 이 앱을 사용하고 있으므로 메인 화면에서 굳이 '할 일'을 고르게 할 필요가 없다.

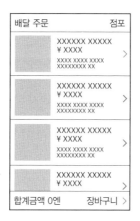

그림 1-4-7 객체지향 UI로 개선

오브젝트를 전면에

이처럼 대부분의 경우, UI는 객체지향으로 설계하는 것이 바람직하다. 태스크지향으로 만들어진 시스템에서는 사용자의 관심 대상인 오브젝트가 태스크 안에 갇혀 있어서 태스크를 개시해보지 않으면 뭐가 있는지 보이지 않는다. 겉보기가 그래픽컬하더라도 기능적인 요소가 태스크 단위로 나뉘어 구성돼 있다면 GUI다운 애플리케이션이 아니다.

그림 1-4-8과 같이 객체지향 UI에서는 태스크보다 먼저 오브젝트를 전면에 배치한다. 사용자는 해야 할 태스크를 특정하기 전에 오브젝트를 접할 수 있다. 태스크는 오브젝트를 가둬두는 컨테이너가 아닌, 오브젝트들 사이에 있는 가능성으로 존재하고 있다. 어떤 오브젝트를 가지고 거기서 무엇을 할지, 즉 해당 애플리케이션을 어떤 컨텍스트에 적합하게 할 것인지는 사용자에게 달려 있다.

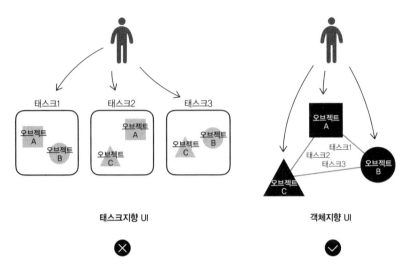

그림 1-4-8 객체지향 UI에서는 태스크보다 오브젝트를 전면에 내세운다.

1-5 태스크지향 UI가 된 배경

요즘은 스마트폰이나 컴퓨터 GUI를 시작으로 누구나 객체지향 UI를 평범하게 사용하고 있다. 그럼에도 불구하고 업무 애플리케이션을 중심으로 태스크지향의 사용하기 불편한 시스템이 계속 만들어지고 있다. 설계자가 정작 스스로 툴을 디자인하면 태스크지향으로 밖에 만들 수 없는 이유는 무엇일까?

업무 분석에서는 '할 일'을 정리할 수 있다

하나는 앞에서 말했듯이 GUI의 기본적인 구성 방법인 객체지향 UI의 설계 방법이 거의 문서화돼 있지 않기 때문일 것이다. 더불어 다음과 같은 원인을 생각해볼 수 있다.

시스템 업계에서는 업무상 복잡한 니즈를 만족시키기 위해 개발 프로젝트의 초기 단계에서 사용자의 요구 사항을 정리한다. 사용자의 요구를 만족시키지 않으면 시스템의 존재 가치가 없으므로 설계자는 열심히 '사용자가 하고 싶은 일'을 정의하려 한다. 특히 업무 애플리케이션에서는 사용자의 업무를 온라인으로 실현해야 하므로 업무 내용을 철저히 파악하는 일이 설계의 시작이다. 그래서 예전부터 업무 분석 기법에 대한 연구가 많았다.

업무란 일의 흐름인 태스크이므로 사용자의 요구는 '할 일'로 정리된다. 이 '할 일'을 실현하고자 다양한 기능 요건을 정의해가기 때문에 UI 구성도 해당 '할 일'을 기반으로 구축되는 것이다.

이용 순서를 디자인하려 한다

또한 사용자 중심 설계/인간 중심 설계라 불리는 재귀적인 디자인 프로세스는 사용자의 요구를 충족할 때까지 시험 삼아 디자인하고 만드는 작업을 반복해야 한다. 그 때문에 역시 사용자의 태스크를 충분히 파악하고, 컴퓨터가 이를 효율적으로 대행하는 것이 디자인 목적으로 인식되고 있다. 그 결과 애플리케이션 전체가 태스크지향으로 구성되고 만다.

게다가 UX^User Experience(사용자 경험)로 주목이 쏠리면서 사용자 경험 가치의 향상이 UI 디자인의 또다른 중요한 목표로 인식되고 있는 것도 한 몫하고 있는 것은 아닐까 싶다. 이 자체는 괜찮지만, 경험을 디자인한다는 일이 사용자의 이용 순서를 디자인한다는 의미로 받아들여지는 경우가 많다. 이렇게 되면 결국 태스크지향으로 UI를 디자인하게 된다.

이러한 이유로 기업 시스템 기획자나 시스템 엔지니어가 자신의 시스템을 생각할 때 그려지는 그림은 대개 태스크지향으로 형식적인 것이 되고 만다. 업무를 구분하고 각각을 선형적인 프로세스로서 화면을 순차적으로 이동하게 제어하는 방법을 먼저 떠올린다. 이를 그대로 구축하기 때문에 학습 효율이나 조작 효율이 나빠지는 결과를 낳는다.

컴퓨터 과학자인 나다니엘 보렌스테인^Nathaniel Borenstein은 디자인 감각, 기술 지식, 솔루션 경험이 부족한 사람들(즉, 보통 사람들)이 생각한 애플리케이션의 기본 설계는 죄수 이송 스케줄처럼 '차례대로 하기만' 한다고 말한다(Nathaniel S. Borenstein, 『Programming as if People Mattered: Friendly Programs, Software Engineering, and Other Noble Delusions』(Princeton University Press, 1991)).

태스크에 필요한 정보 오브젝트를 정의한다

편리한 기계라고 할 때 사람들이 떠올리는 것은 간단한 명령으로 복잡한 처리를 자동으로 해 주는 블랙박스다. 하지만 GUI의 기본 사상은 사용자가 오브젝트를 자유로이 조종할 수 있게 하는 것이기에 태스크지향의 선형적인 구성 방법과는 맞지 않다. GUI다운 객체지향 UI를 설계하기 위해서는 태스크를 순서화해 화면 플로우로 하는 게 아니라, 태스크에 필요한 정보 오브젝트를 정의하고, 여기에 사용자가 자유로운 순서로 액션을 취해 목적을 달성할 수 있어야 한다.

단, 다양한 업무 애플리케이션 UI를 설계하다 보면 태스크지향의 조작 순서인 '동사 → 명사' 구문의 벽을 깨기 어려울 때가 있다. 조작이 자유롭게 이뤄지지 않는다는 것을 알고 있어도 모드를 만들지 않을 수가 없다. 다음과 같은 경우가 그 예다.

- 태스크에 따라 처리 대상이 되는 오브젝트 집합이 다를 경우: 태스크 선택은 애플리케이션 선택과 같은 위치에 놓인다.
- 태스크에 따라 사용자에게 제시해야 할 오브젝트 속성이나 액션이 아주 다른 경우: 먼저 오브젝트를 제시하려 할 때 정보량이 너무 많아져 UI에 들어가지 않는 일이 생긴다.
- 오브젝트가 사용자의 멘탈 모델에서 의식되지 않거나 오브젝트를 하나만 선택할 필요 없이 액션을 인수로 입력하는 태스크가 대부분인 경우: 예) ATM
- 사용자의 창조적인 작업을 금지하고 일정 순서로 한정해 조작하도록 할 경우

이러한 상황이 업무 애플리케이션에서는 많이 발생한다.

이는 생각해 보면 당연하다. 원래 업무라는 것은 일련의 태스크이자 정해진 일을 정해진 순서로 수행하는 것이기 때문이다. 해당 업무 절차를 온라인으로 진행할 수 있게 한 것이 업무 애플리케이션이기 때문에 비즈니스 로직의 대부분은 태스

크에 의존하게 된다. 그 결과, 태스크를 선택한 상태가 아니면 오브젝트를 선택할 수 없게 만들어져 시스템 전체가 모드를 모아놓은 꼴이 돼버린다.

이 문제를 해결하려면 업무 자체를 객체지향의 시스템에 맞게 좀 더 창조적인 방향으로 바꿔야 한다. 기존 업무의 속성에 맞게 시스템을 만드는 것이 아니라, 디지털 속성에 맞게 업무를 만드는 것이다. 일이 소프트웨어를 만드는 것이 아니라 소프트웨어가 일을 만든다는 발상이다.

이러한 발상을 디지털 트랜스포메이션이라 하며, 기업이나 사회가 테크놀로지를 본질적으로 이용하게 되면서 지금까지의 사업 방향이 근본적으로 변하기 시작했다고 한다. 객체지향 UI를 실천하는 것은 사람들이 일이라는 것을 새롭게 인식하는 중요한 계기가 되지 않을까 생각한다.

2

객체지향 UI의 설계 프로세스

현재 스마트폰이나 PC의 조작 체계로 GUI를 널리 채용하고 있다. 객체지향 UI
는 일명 GUI를 말하기 때문에 그 컨셉이나 패턴에는 이미 반세기 가까운 역사가
있다. 하지만 GUI의 객체지향성이나 디자인 이론에 대해 제대로 해설한 문헌이
매우 적고, 디자인 계열 학교에서도 거의 가르치지 않는다.

2-1 디자인 프로세스의 끊어진 링크를 잇다

UI의 디자인에 관한 방법론으로는 ISO9241-210의 인간 중심 설계 프로세스 등이 있다. 여기에서는 '이용 현황 파악~사용자의 요구 특정'에 이르는 앞단과 '디자인 테스트~디자인 평가'와 같은 뒷단으로 이뤄진 반복성을 가진 프로젝트 진행이 효과적이라고 한다. 그런데 이러한 디자인 프로세스 해설을 이것저것 봐도 앞단과 뒷단을 잇는 로직, 즉 특정된 사용자 요구를 실제 UI에서 어떻게 다뤄야 하는지에 대한 이론을 어디서도 설명하고 있지 않다(그림 2-1-1).

달리 말하면 디자인 방법론을 리서치와 품질 보증의 관점만 논의하고 있으며, 문맥적인 요구 사항에서 원리적인 도구 설계를 지양하는 '디자이너의 관점'이 빠져 있는 것이다.

그런 가운데 실제로 GUI를 디자인할 때 구조역학적인 설계 이론은 '객체지향 모델링', 즉 객체지향 UI 방법론 밖에 없다. 그리고 이는 객체지향이야말로 GUI의 발생 원리이므로 증명할 수 있다(자세한 내용은 6장 참조).

객체지향 UI의 설계 메소드는 요구 사항과 해결책 사이에 끊어진 링크를 연결해 디자인 사이클을 완성하는 중요한 노하우라고 할 수 있다.

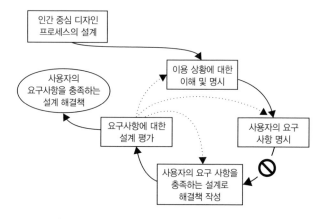

그림 2-1-1 ISO9241-210 인간 중심 설계 활동 프로세스

2장에서는 객체지향 UI를 실천적으로 설계해 나가기 위한 프로세스를 설명하겠다.

2-2 애플리케이션의 단서

애플리케이션 디자인은 어디에서 시작되는 것일까?

애플리케이션의 시작은 어떤 목적 의식을 가진 발상으로 시작한다. 'OO하기 위한 애플리케이션'처럼 태스크(할 일)를 떠올리는 경우도 있고, 'ㅁㅁ가 기록돼 있는 애플리케이션'과 같이 대상물이 펼쳐져 있는 이미지를 떠올리는 경우도 있을 것이다.

그림 2-2-1 애플리케이션의 단서는 어디에서 오는 걸까?

대상물(오브젝트)을 떠올린 경우에는 그대로 화면에 표시하는 애플리케이션이 되는데, 이것이 객체지향 UI다.

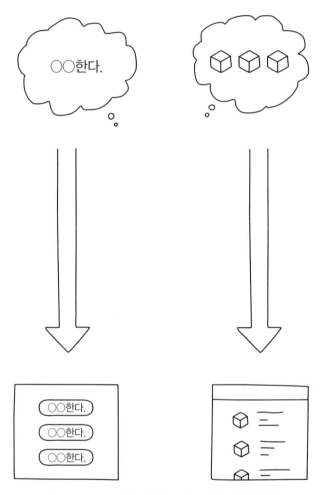

그림 2-2-2 태스크에서 시작한 UI와 오브젝트에서 시작한 UI

태스크를 단서로

태스크를 단서로 디자인하면 어떻게 되는지 집을 예로 들어 생각해보자.

집을 '화장실 가고, 밥 먹고, 눕는다'라는 태스크에 최적화하면 그림 2-2-3과 같은 구조가 된다.

이 구조의 경우, 자다가 화장실에 가는 것도 큰 일이다. 손님이 왔을 때도 화장실을 지나와야 한다. 너무 태스크에 최적화되면 조금이라도 다른 태스크에는 적응할 수 없게 된다.

그럼, 태스크별로 시작 포인트를 나눠버리면 어떨까? 태스크는 금방 늘어나기 마련이라 이번에는 그림 2-2-4와 같이 현관이 아주 많은 집이 된다.

그림 2-2-3 태스크를 단서로 디자인한 집

그림 2-2-4 태스크별로 시작 포인트를 나눈 집

태스크별로 시작 포인트를 만들면 사용자에게 불편한 환경이 되며 결국 다음과 같은 질문을 염두에 둬야 한다.

- 하고 싶은 일은 무엇인가?
- 어떤 시작 포인트에서 할 수 있는가?
- 해당 시작 포인트는 어디 있는가?

오브젝트를 단서로

여기서 처음에 태스크를 떠올렸더라도 태스크 단위 그대로 만드는 게 아니라 오브젝트를 추출해 이를 애플리케이션의 단서로 삼아 분석하면 어떨까?(그림 2-2-5)

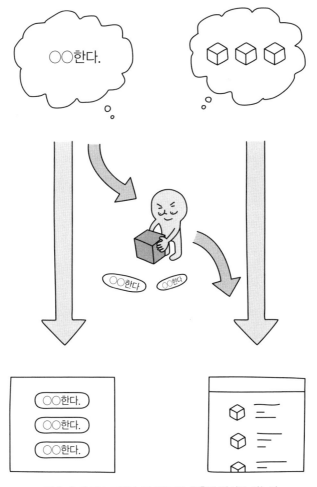

그림 2-2-5 태스크에서 오브젝트를 추출해 단서로 삼는다.

2-3 사용자, 태스크, 오브젝트의 관계

이번에는 사용자, 태스크, 오브젝트의 관계를 생각해보자.

태스크지향 UI에서 사용자, 태스크, 오브젝트의 관계는 그림 2-3-1과 같이 나타낼 수 있다.

사용자는 먼저 태스크를 선택한 다음, 해당 태스크에 관한 오브젝트를 다룬다. 보통 태스크 수는 오브젝트의 수보다 많기 때문에 사용자에게는 인지부하가 높은 작업 흐름이 된다. 또한 사용자의 관심은 오브젝트에 있기 때문에 조작 초반에 이를 볼 수 없다는 스트레스도 생긴다.

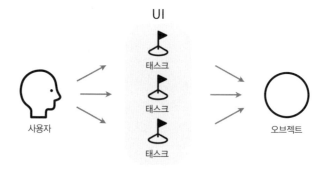

그림 2-3-1 태스크지향에서의 사용자, 태스크, 오브젝트

객체지향의 경우 그림 2-3-2와 같이 나타낼 수 있다.

사용자가 관심을 갖고 있는 오브젝트를 먼저 사용자에게 보여준다. 사용자는 먼저 오브젝트를 고른 다음, 오브젝트에 관한 태스크를 수행한다.

이 경우 사용자 입장에서는 자신의 관심 대상인 오브젝트가 처음부터 보이기 때문에 조작 순서를 생각할 부하가 적어진다. 또한 하나의 오브젝트에 대해 태스크가 정리돼 있어서 디자인은 단순해진다.

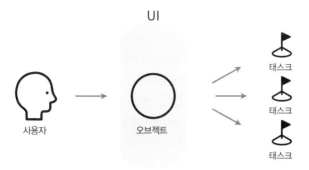

UI

사용자 → 오브젝트 →

태스크

태스크

태스크

그림 2-3-2 객체지향에서의 사용자, 오브젝트, 태스크

이처럼 애플리케이션을 만들 때의 동기가 특정 '할 일'을 실현하는 것이더라도 대상을 먼저 사용자가 볼 수 있도록 하는 것이 객체지향 UI인 것이다.

다음으로는 소프트웨어를 디자인할 때 의식해야 하는 추상도 레이어를 살펴보자.

2-4 소프트웨어 디자인 레이어

UI는 사용자와 관심 대상(오브젝트)을 연결하는 공간이다. 실제로는 화면에 표시된 그래픽과 움직임을 사용자가 인식한다. 이러한 정보 공간을 소프트웨어의 아키텍처로 실현하는 객체지향 설계[OOD]에서는 사용자의 관심 대상에 관한 구조적 개념 = 멘탈 모델을 컴퓨터 안에 단순화한 형식으로 재현한다.

예를 들어 이메일 주소를 만들 경우, 사용자가 '메시지'라는 개념을 갖고 있다면 해당 개념을 그대로 프로그램 안의 정보 단위로 채용한다. 이것이 오브젝트라 불리는 것이다. 그리고 UI는 사용자가 해당 메시지 오브젝트를 보거나, 편집하거나, 보존하거나, 송수신하거나, 검색하기 위한 장소를 제공하는 것이다.

컴퓨터 과학자인 린스카우그^{Reenskaug}와 코플리엔^{Coplien}은 다음과 같이 말한다.

> **66** 사용자는 인터페이스를 표현하는 데 기본이 되는 데이터와 비즈니스 세계에 대한 모델 사이에 경로를 만들고자 인터페이스를 사용한다. 적절히 설계된 프로그램은 데이터 모델에 관한 정보 모델을 잘 파악하고 있으며, 적어도 그렇게 하고 있다는 환상을 준다. 이러한 것을 소프트웨어가 할 수 있다면 사용자는 컴퓨터 메모리가 자신의 기억의 연장인 것처럼 느낀다. **99**
>
> — 트리베 린스카우그(Trygve Reenskaug), 제임스 코플리엔(James O. Coplien),
> 'The DCI Architecture: A New Vision of Object Oriented Programming' 2009 중에서

UI는 여러 오브젝트를 구조적으로 표상한 합성물

사용자가 보는 인터페이스는 소프트웨어 디자인의 구조적 기반인 오브젝트 모델을 반영한 것으로, 내부의 데이터 모델은 사용자의 멘탈 모델을 반영한 것이다.

또한 인터페이스 표현을 보면 인터페이스는 한 장의 그림이 아니다. 여러 개의 오브젝트를 구조적으로 표상한 합성물로, 각각의 요소가 서로 정보 계층이나 상태 변화 등에 관한 일련의 방식 안에서 전체성을 나타내는 시스템으로 돼 있다. 그 이면에는 오브젝트를 각각의 뷰(한 덩어리의 시각 요소)로 단위 짓는 기능, 사용자에게 받은 입력을 모델로 조립하는 기능, 뷰끼리의 관계를 통해 사용자와의 상호작용을 성립시키는 기능이 필요하다.

이러한 조작 체계를 제공하는 객체지향 UI를 소프트웨어 디자인이라는 관점에서 분해하면 크게 모델, 인터랙션, 프레젠테이션의 레이어로 나눌 수 있다.

프로그램 안에서 오브젝트는 개념적인 처리 단위로 정의되며 이 정의 방식이 모델 레이어의 디자인이다. 모델 레이어에서 정의된 오브젝트는 어디까지나 개념이므로 이 상태로는 사용자가 보거나 조작할 수 없다. 그렇기 때문에 사용자가 오브젝트와 인터랙션에 해당 입출력을 모델 레이어에 잇는 짜임새가 있어야한다. 이 짜임새가 인터랙션 레이어의 디자인이다. 그리고 인터랙션 상황을 사용자에게 적절하게 나타내 시스템에 대한 사용자의 지각을 만드는 부분, 이것이 프

레젠테이션 레이어의 디자인이다.

그림 2-4-1은 소프트웨어의 디자인을 구성하는 세 가지 레이어를 나타낸다. 먼저 사용자의 멘탈 모델이 컴퓨터 안의 데이터 모델에 반영되고, 해당 모델과 사용자 사이의 인터랙션이 설계되고, 여기서 행해지는 내용을 사용자에게 프레젠테이션한다.

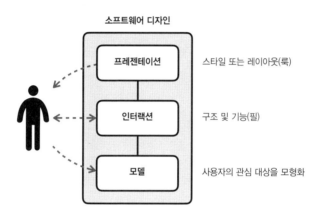

그림 2-4-1 소프트웨어 디자인의 레이어

세 가지 레이어를 더 자세하게 살펴보자.

모델 사용자의 관심 대상을 모형화한 것

모델 레이어는 소프트웨어 디자인의 기반이 되는 층으로, 디자인 전체의 약 60%를 차지한다고 한다(『Object Oriented Interface Design』, Que Publishing, 1992). 모델 레이어에서는 애플리케이션 설계의 단서가 되는 현실 세계의 존재 방식, 예를 들어 사용자의 특징, 업무 형태, 정보 서식, 요구 사항의 종류와 관계성 등을 기반으로 시스템이 다루는 오브젝트 구성을 모델링한다.

오브젝트 모델링은 객체지향 UI 설계에서 가장 중요한 활동으로, 디자인 프로세스에서 최초로 하는 일이다. 그리고 그 결과는 이어지는 활동 모두의 단서가 된다.

오브젝트 모델링을 하기 전에 타깃이 되는 도메인(사용자의 활동 영역)의 사용자 조사나 태스크 분석을 충분히 해야 한다.

조사 분석이 불충분한 경우, 즉 UI 설계자가 사용자의 업무나 행동 특성을 제대로 파악하지 못하면 오브젝트 모델이 사용자의 멘탈 모델을 적절하게 반영하지 못해 시스템 전체의 디자인을 잘못된 방향으로 이끌 수 있다.

오브젝트 모델링 작업은 개발자 사이에서 객체지향 분석으로 알려져 있다. 많은 개발자가 이를 어디까지나 소프트웨어의 내부적인 설계의 일환으로 파악하고 있으며, UI 디자인과는 관계없는 것이라 생각하고 있을지도 모르겠다. 하지만 객체지향 UI의 컨셉은 사용자의 관심사(오브젝트)를 UI에 반영하는 것이므로 오브젝트 모델링은 직접적인 UI 디자인을 시작하는 출발점이다.

또한 개발자가 실시하는 객체지향 분석에서는 보통 사용자의 도메인을 조사해 시스템화에 필요한 매우 많은 개념을 오브젝트로 추출한다. 여기서는 사용자가 의식할 필요 없는 프로그램의 처리에 있어 논리적 모습이 없는 내부적인 오브젝트도 많이 정의된다. 하지만 객체지향 UI의 모델링에서는 사용자가 의식해야 하는 오브젝트만을 추출하고, 프로그램 구축에 필요한 세세한 로직은 신경 쓰지 않는다. 사용자에게는 UI로 나타나 지각되는 것이 시스템 자체이고, 구현 방법을 생각하기 전에 당연히 있어야 할 UI를 모델링해야 하기 때문이다.

이어지는 인터랙션 레이어와 프레젠테이션 레이어는 부분적으로 이 모델 레이어와 병행해서 디자인한다. 모델링 결과는 인터랙션이나 프레젠테이션을 통해 평가되기 때문이다.

인터랙션이나 프레젠테이션이 UI에서 사용자의 요구를 적절하게 충족하지 못할 경우에는 모델링을 재검토해야 한다.

이러한 반복 작업은 소프트웨어와 같은 복잡한 구조체에 유효성을 부여하기 위해 필요한 대책이며, 애자일 개발 방침에 입각한다.

디자인은 반드시 추상적인 것에서 구상적인 것으로 선형적으로 만들어지는 것이 아니다. 추상과 구상을 오가며 전체성과 적합성을 획득해 가는 것이다.

인터랙션 구조와 기능

인터랙션 레이어는 소프트웨어 디자인의 구조와 기능에 관한 층으로, 모델 및 프레젠테이션을 연결하기 위한 메커니즘이다. 오브젝트를 표상하는 뷰의 종류, 그들이 호출하는 관계인 네비게이션, 데이터 입출력 조작인 CRUD(작성, 열람, 업데이트, 삭제) 그리고 이들에게 서비스로서의 문맥을 부여하는 비즈니스 로직에 관한 디자인 레이어다.

소프트웨어는 사용자에게 도구가 돼야 하고, 작업 환경으로서의 입력 메커니즘과 그에 맞는 단계적 피드백 메커니즘이 있어야 한다. 그런 의미에서 인터랙션 레이너는 조작의 언어체계를 만드는 것으로 소프트웨어의 '필feel'을 결정한다.

소프트웨어는 하나의 정보 오브젝트에 여러 개의 뷰를 부여한다. 예를 들어, '메시지'라는 오브젝트에 메시지 아이콘, 메시지 리스트, 메시지 내용, 메시지의 메타 데이터와 같은 여러 개의 관점에서 각각에 필요한 세부 사항으로 정보를 정리한다. 그리고 그 정보가 사용자에게 의미 있는 호출 관계로 연결돼 UI를 구성한다.

또한 소프트웨어는 하나의 정보 처리를 실행하기 위한 여러 개의 액션을 준비한다. 예를 들어 아이콘을 탭 하거나 클릭, 오브젝트 선택 및 메뉴 선택, 표시 전환, 입력과 서브밋, 프로퍼티 변경, 오브젝트 삭제 등이다.

인터랙션 레이어에서 정의한 소프트웨어의 구조 및 기능은 오브젝트 모델을 현실의 일에 연결해, 실제로 도움이 되는 도구가 되도록 한다. 객체지향 UI 설계에서는 오브젝트에 대한 뷰 할당과 뷰끼리의 호출 관계 그리고 뷰를 컨트롤하기 위한 기능성을 검토한다.

프레젠테이션 스타일이나 레이아웃

프레젠테이션 레이어는 소프트웨어 디자인의 표층으로, 인터랙션의 메커니즘을 다양한 UI로 표현해 사용자에게 보여준다. 오브젝트를 표상하는 그래픽의 모양이나 색, 뷰의 포맷, 화면 레이아웃, 애니메이션, 사운드 등에 관한 디자인 레이어를 생각하면 된다.

모델 레이어에서 정의한 오브젝트를 뷰의 모습으로 나타내 사용자가 그 존재를 인식하고 직접적으로 인터랙션 할 수 있게 한다. 그런 의미에서 프레젠테이션 레이어는 표현의 언어 체계를 만드는 것으로, 소프트웨어의 '룩^{look}'을 결정한다.

객체지향 UI 설계에서는 레이아웃 패턴에 대응하는 뷰의 배치, 오브젝트 리스트 표시의 베리에이션, 오브젝트를 나타내는 아이콘 고안, 오브젝트에 대한 액션 선택지 표현 등을 검토한다.

인터랙션 및 프레젠테이션은 서로의 디자인에 맞춰가며 가능성을 모색하는 것이다. 그렇기에 이 두 레이어는 각각의 요구를 비춰가며 병행해 디자인해야 한다. 또한 인터랙션 및 프레젠테이션의 조합이 본래의 사용자 니즈를 충족하지 못 한다고 평가될 경우에는 모델 레이어로 되돌아가 표상해야 할 사용자의 멘탈 모델을 다시 디자인해야 한다.

2-5 디자인의 궁극적인 목적은 형태다

UI 디자인의 레이어는 모델, 인터랙션, 프레젠테이션 방향으로 설계 구상의 정도가 올라간다. 하지만 반드시 이 순서대로 디자인을 정한다는 뜻은 아니다. 사용자가 애플리케이션의 도구의 성질을 발견하는 것은 그 성질이 프레젠테이션 레이어에 의해 구현될 때이며, 해당 도구와 목적의 적합성은 디자인이 가져오는 형태에 의해서만 결정된다. 그런 의미에서 디자인의 논리성은 반드시 추상에서 구상으로의 브레이크 다운으로 이끌어지지 않는다.

극단적으로 말하면 더 좋은 GUI를 디자인하려면 그래픽의 형태를 우선적으로 검토해야 한다. 그 이면에 있는 구조는 해당 프레젠테이션 및 멘탈 모델 사이의 논리가 어긋나지 않도록 하는 것에 지나지 않는다. 그렇다고 구조적인 배경이 없으면 소프트웨어로서의 인터랙티브한 표현은 성립하지 않는다. 도구로써의 역할에서 표현의 타당성은 기능적인 메커니즘에 의해 인정된다. 따라서 디자인은 모델, 인터랙션, 프레젠테이션의 각 레이어를 왔다 갔다 하면서 시행착오를 거쳐 디자인의 인테그리티(전체성, 완전성, 올곧음)를 높여가야 한다.

또한 사전 조사에서 사용자의 요구 사항이 명확하더라도 그 자체에서 요구를 충족할 방법이 직접적으로 도출되는 건 아니다. 레스토랑에 비유하자면 고객을 조사한 결과 '맛있는 햄버거를 먹고 싶다'는 요구를 알게 되더라도, '맛있는 햄버거를 만드는 방법'에 직결되지는 않는다. 디자인 프로세스에서 사용자의 요구를 명확히 하는 것은 해결 방법을 도출하는 것이 아니라 어디까지나 완성한 디자인이 어느 정도 도움이 되는가를 시험하기 위한 지표일 뿐이다.

이는 디자인의 방법론에 막연하게 기대하고 있는 재현성이 단순한 선형 프로세스로는 실현될 수 없음을 의미한다.

디자이너의 애브덕션

건축가이자 패턴 랭귀지의 고안자인 크리스토퍼 알렉산더Christopher Alexander는 '디자인의 궁극적인 목적은 형태다'라고 했다. 하지만 바람직한 형태에 도달하기란 간단한 일이 아니다.

> 66 현실의 디자인 문제에 있어 달성해야 할 적합성이 있다는 우리의 확신은 이상하리만큼 희박하고 공허한 것이다. 우리는 닿을 수 없는 두 가지, 즉 아직 디자인하지 않은 형태와 정확하게 표현할 수 없는 콘텍스트 사이의 어떤 조화를 찾고 있다. 99
>
> - 『Notes on the synthesis of form』(Harvard University Press, 1964) 중에서

알렉산더에 따르면 예를 들어 표면이 울퉁불퉁한 금속판을 평평하게 깎으려 할 때 가능한 한 이상적인 평면에 가까운 곧은 자를 찾아서 잉크를 묻힌다. 잉크가 묻은 자를 금속판에 놓으면 판의 튀어나온 부분에만 잉크가 묻는다. 이렇게 하면 깎아내야 할 부분, 즉 문제 부분이 가시화된다. 달리 말하면 어떤 물체가 콘텍스트에 얼마나 적합한지는 언제나 간접적으로만 파악할 수 있다.

우리는 디자인 작업을 할 때 만드는 것의 최종적인 이상형을 직접 그려내지 못하고 우연히 눈에 띈 문제점을 고치는 일 밖에 할 수 없다. 이렇게 해야만 콘텍스트에 가장 적합한 것에 가까워진다. 문제를 전부 해소한 것처럼 보일지라도 본래의 형태라는 것은 전혀 다른 양상으로 보이지 않는 가능성 안에 퍼져 있을지도 모른다.

즉, 디자인이라는 행위를 올바르게 행하려면 어떤 직관에 따라 이미 알고 있는 논리를 바탕으로 생각해 살피지 않고 직접 최종 형태에 도달하는 방법이 필요하다. 이 창작의 과정은 추상에서 구상으로 논리를 전개하면서 가능성을 좁혀가는 것만큼이나 중요하고 본질적인 창조의 기술이다. '형태부터 들어가는' 디자인이 콘텍스트에 적합하려면 근본적으로 '사용자의 요구에 맞는 형태를 만든다'는 전제에서 벗어나 '형태에 맞게 사용자가 요구를 다시 파악'할 수 있도록 해야 한다.

뛰어난 실무자가 공통적으로 말하는 것은 제작의 비프로세스성이다. 비프로세스성이란 선형도 원형도 아니고, 귀납적이지도 연역적이지도 않다. 적어도 의미상으로는 단번에 '형태'에 도달하는 것이다. 원인에서 결과를 단계적으로 이끄는 것이 아니라, 결과에서 원인으로 역추론을 빠르게 내달린다. 나는 이 과정을 '애브덕션 라인'이라 한다(그림 2-5-1).

초보자를 대상으로 설명하는 대부분의 디자인 프로세스는 편의상 작업을 단계화하고 있을 뿐이다. 숙련된 사람들은 결코 순서를 차곡차곡 밟아가지 않고 논리를 쌓아 올리지도 않는다. 무의식적으로 빠르게 시행착오를 일으켜 해당 패턴을 매칭시킨다.

뛰어난 디자이너는 추상에서 단계적으로 선택을 해나가며 최종적인 구상에 도달하지 않는다. 단번에 그럴듯한 구상을 잡아내, 거기서부터 최초의 추상으로 리버스 엔지니어링 패스를 거친다. 형태가 먼저고 로직은 나중에 찾는다.

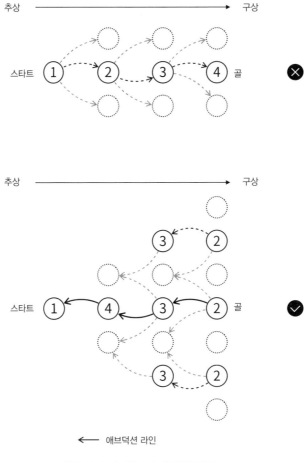

그림 2-5-1 디자이너의 애브덕션 라인

일관되게 작용하는 '원리'를 갖춘다

'사용자 중심의 디자인'이나 '사용자 친화적 디자인'을 말할 때, 대부분 사용자의 콘텍스트(원하는 일이나 상황)를 특정하고, 이를 대행하는 구조를 제공하는 것이라 생각하지 않을까 싶다. 이는 사용자의 요구를 태스크로 순서화하는 발상이다.

그러나 실제로 사용자의 콘텍스트는 각양각색이라 디자인 단서로서 확실하게 특정짓기는 어렵다. 어떤 사용자의 콘텍스트에 최적화된 순서가 다른 사용자에게는 불편할 수 있으며, 사용자가 많아질수록 시스템의 '사용자 친화도'는 떨어진다.

이렇듯 사용자 개별의 콘텍스트를 지나치게 중시할 때 생기는 문제에 관해 UI 전문가인 제프 라스킨[Jef Raskin]은 다음과 같이 말했다.

> 66 작업에 대한 니즈가 사용자별로 다를지라도 사용자 집단은 많은 일반적인 심리 속성을 공유하고 있다. 99
>
> 제프 라스킨 『휴먼 인터페이스』(안그라픽스, 2003) 중에서

즉, 개별성이 강한 사용자 콘텍스트를 특정하는 것보다 사용자 집단이 공통으로 갖고 있는 성질, 예를 들어 사람으로서의 일반적인 인지 특성이나 신체 특성 등에 기초한 디자인 패턴을 활용하는 것이 중요하다.

따라서 정말 사용자 친화적인 도구는 각각의 콘텍스트에 맞춘 순서가 아니라, 다양한 콘텍스트에 일관되게 작용하는 '원리'를 갖춘 것이다. 이 원리는 일반적인 사람의 특성을 기반으로 하기 때문에 범용성이나 응용성이 있으며, 사용자는 스스로의 행동을 다소 바꿔서라도 해당 도구와 함께 달성하는 목표를 최대화해간다.

극단적으로 말하면 사용자 중심의 디자인이란 '사용자에 맞춘 디자인'이 아니라 '사용자가 스스로를 맞춰갈 수 있는 디자인'이며, 사용자가 스스로 디자인과 협조해 결과를 최대화할 수 있을 만큼 심플하고 논리적인 원리를 갖춘 디자인이라 생

각한다.

이러한 도구는 사용하는 사용자에게 새로운 질적 가치를 부여하고 사용자의 행동을 변화시킨다. 디자인은 사람과 물체를 잇는 계획이지만, 계획 안에서 형태가 생기지는 않는다. 오히려 형태 안에 편리성을 계획해 가는 것이다.

도구의 추상성

사과 껍질을 깎는 작업을 생각해보자. 껍질이 그대로 있는 원래 상태의 사과에서 껍질을 깎은 목표 상태의 사과를 얻기까지의 프로세스에서 사과 껍질을 깎는 전용 기계는 대부분을 서포트할 것이다. 사과 껍질 깎는 기계는 사과 껍질을 깎을 수 있다는 의미성에 있어 더 구상적, 즉 추상도가 낮은 상태다(그림 2-5-2).

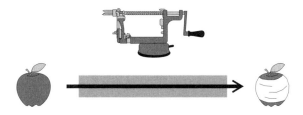

그림 2-5-2 사과 껍질 깎는 기계는 추상도가 낮다.

한편, 과도는 사과 껍질을 깎는 일에서는 조금 더 적은 부분만 서포트할 수 있다 (그림 2-5-3). 그 대신 과도는 사과 껍질을 깎는 일 이외에도 쓸 수 있다. 이는 과도의 추상도가 높음을 의미한다. 추상도가 높은 도구는 사용자 자신이 용도를 생각하고 스스로 사용 스킬을 향상시켜 편리성을 넓혀갈 수 있다.

좋은 디자인이란 사용자에게 맞춘 것이 아니라 사용자가 스스로를 맞출 수 있는 것이다. 젓가락이나 바이올린이나 자전거 등 뛰어난 도구는 사람에 맞추기보다 사람이 스스로를 맞춰갈 수 있도록 디자인돼 있다. 각자가 좋아하는 도구를 떠올려보자. 도구는 자신의 요구에 세세하게 맞춰 만들어진 것이 아니라 각자가 해당 디자인에 맞게 요구나 행동을 바꿨을 것이다.

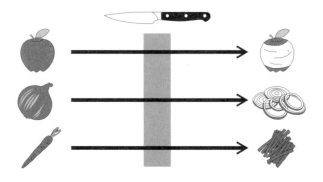

2-5-3 과도는 추상도가 높다.

추상도가 높은 도구는 그 자체가 정해진 용도를 강요하지 않는다는 의미에서 모달리스다. 마찬가지로 추상도가 낮은 도구는 모달이다. 그리고 모달리스 도구는 이를 사용하는 사용자 자신의 변화에 따라 의미성을 높인다는 의미에서 사람과 도구의 상호 발전을 긍정적인 방향으로 나아가도록 돕는다. 이것이 모달인 태스크지향 디자인이 아니라 모달리스인 객체지향 디자인을 하는 의의다.

또한 역설적이지만 일반적으로 사용하기 어려워지는 주된 원인은 제작자가 '사용자의 요구에 맞추려는' 데 있다. 맞추기 위해 요구를 특정했다 생각해도 새로운 도구의 존재가 요구 방식을 바꿔버린다. 이 패러독스에 대해 디자인이 취해야 할 어프로치는 우선 디자인에 사용자가 맞출 수 있도록 디자인을 무위한 형태로 유지하는 것이다. 있는 그대로의 목적을 모식화해 그대로 사용자에게 되돌려준다. 그리고 어떤 종류의 요구에 어떤 디자인이 적합성을 보였는지 문맥적인 유추 안에서 디자이너가 모식을 찾아내 다시 활용하는 것이다.

이 어프로치를 UI 디자인에 적용한 것이 지금부터 설명할 객체지향 UI 설계의 기본 스텝이다. 즉, 멘탈 모델에서 오브젝트를 추출해 오브젝트로서 표상하고 이때 이미 일반화된 디자인 패턴을 적용하는 것이다.

2-6 객체지향 UI 설계의 기본 스텝

객체지향 UI의 기본적인 특징을 다시 한 번 확인해보자.

먼저 객체지향 UI에서는 애플리케이션이 다루는 메인 오브젝트 리스트를 초기 단계에서 보여준다. 메인 오브젝트란 도메인의 주요한 개념물로 엔티티라고도 부른다. 메인 오브젝트를 화면에서 볼 수 있기 때문에 사용자는 해당 애플리케이션의 용도나 작업 범위를 파악할 수 있다. 그리고 화면에 보이는 오브젝트를 마우스나 터치 조작으로 직접 작업할 수 있다. 또한 오브젝트 리스트가 어떤 형식으로 표현돼 있는지에 따라 애플리케이션의 대략적인 조작 이디엄(UI의 룩앤필이 나타내는 관용적인 의미)을 추측할 수 있다.

다음으로, 오브젝트 선택 → 액션 선택이라는 조작 구문을 가능한 한 애플리케이션 전체에서 그대로 따른다. 이것이 객체지향 UI의 기본적인 조작 리듬이며, 이로써 인터랙션이 모달리스가 돼 조작 플로우 안에서 '대상 선택 대기 모드'를 없앨 수 있다.

예를 들어 내비게이션은 지금 보고 있는 오브젝트에 관련된/덧붙이는 별도의 오브젝트 리스트를 호출하는 것으로 생각할 수 있다. 그러면 내비게이션 항목은 명사형으로 표현되고 객체지향의 조작 구문을 따른 것이 된다.

가능한 한 빨리 사용자에게 오브젝트를 보여준다는 것은, 예를 들어 이메일 클라이언트라면, 클라이언트를 기동한 직후에 사용자의 관심 대상인 '메시지' 오브젝트 리스트를 먼저 표시한다는 뜻이다.

리스트는 보통 항목의 추가나 삭제, 필터링, 정렬, 항목 선택 등 리스트에 대한 몇몇 조작을 할 수 있도록 돼 있을 것이다. 그리고 리스트에서 사용자가 항목을 선택하면 일반적으로 특정 뷰 또는 화면 전체가 변화해 정보계층을 드릴다운하고 선택한 오브젝트의 상세 정보가 표시된다.

상세 정보를 표시하는 뷰/화면에서는 보통 해당 오브젝트 하나에 대한 액션이 준비돼 있다. 오브젝트를 구성하고 있는 속성 정보(프로퍼티)를 변경하거나 다른 오브젝트에 어떤 연계 처리를 일으킨다.

이러한 객체지향의 내비게이션 구조에서는 태스크를 베이스로 한 기능 선행적인 내비게이션과 달리, 특정 뷰나 화면은 '기능'을 나타내는 단위가 아니라 '대상'을 나타낸다. 그렇기 때문에 시스템 전체 구성이 태스크 실행을 위한 절차가 아니라 오브젝트를 호출하기 위한 공간이라는 형태가 된다.

객체지향 UI 설계는 앞에서 말한 대로 오브젝트의 모델링에서 시작해, 인터랙션 구조의 정의 그리고 프레젠테이션의 디자인으로 이어진다. 또한 이를 순서에 상관없이 반복 조정해 전체로 통합해 간다.

설계 작업의 구체적인 스텝은 다음 3가지가 있다.

- 스텝1. 오브젝트 추출(모델 레이어)
- 스텝2. 뷰와 내비게이션 검토(인터랙션 레이어)
- 스텝3. 레이아웃 패턴 적용(프레젠테이션 레이어)

각 스텝의 상세한 작업은 다음 장 이후에서 설명한다. 여기서는 우선 각각의 개념을 간단하게 살펴보자.

스텝1. 오브젝트 추출

객체지향에서 UI 구성을 만들려면 먼저 사용자의 작업 대상인 오브젝트를 정의해야 한다. 이는 기본적으로 객체지향 분석에서의 클래스 정의나 데이터베이스 설계에서의 엔티티 정의와 똑같은 작업이다. 애플리케이션이 지원하려는 도메인(사용자의 활동 영역)에서 사용자의 멘탈 모델 또는 업무 중에 어떠한 개념이 존재하고 있는가를 찾아본다. 많은 경우 이는 데이터 세트로서 데이터베이스의 테이블에 기록되거나 배열화된 인스턴스로서 프로그램 안에서 다뤄진다.

프로그램 설계에서는 정보 시스템의 성립을 위해 필요한 모든 개념을 정의해야 하지만, UI 모델링에서는 사용자가 의식하고 있는/의식해야 할 개념만을 정의할 수 있으면 좋다.

또한 대상 도메인 범위가 넓거나 범위가 막연할 경우 해당 애플리케이션에서 대상 도메인의 어느 부분을 지원하는지 범위를 결정해야 한다. 범위가 넓으면 더 많은 일을 하나의 애플리케이션으로 할 수 있지만, UI가 복잡해져 사용자의 이용이 어려워진다. 반대로 범위가 너무 좁으면 사용자는 충분한 이용 가치를 찾아낼 수 없다. 범위 정의는 프로덕트 기획의 근간이므로 초기 컨셉에의 충실도와 잠재력의 밸런스를 잡아가며 신중하게 의사 결정한다.

오브젝트를 추출하기 위해서는 사용자가 해당 도메인에서 무엇을 어떻게 하는지 또는 업무 내용(사업에 대한 자리매김, 역할, 플로우, 입출력 되는 정보 등)을 잘 파악해야 한다. 그러기 위해서는 사용자 관찰이나 인터뷰, 담당자나 관리자로부터의 청취, 기존 시스템의 조사와 같은 이전 단계의 대처가 필요하다.

오브젝트의 단순한 예를 들면 이메일 클라이언트에서의 '메시지'다. 이메일을 다룬다는 사용자의 활동 영역에서 가장 중요한 개념은 '메시지'일 것이다. 메시지에는 주로 '받은 메시지', '보낸 메시지', '보내려는 메시지'가 있지만, 여기서는 '받은 메시지'에 초점을 맞춰 생각해본다. 또한 '메시지를 받는다'는 동사가 아닌 '받은 메시지'라는 명사라는 점에 주의하기 바란다.

받은 메시지는 보통 메일 박스에 분류해 관리하기 때문에 사용자가 갖고 있는 개념으로는 '메일 박스'라는 것이 하나 더 있음을 알 수 있다. 즉, 이메일 클라이언트의 모델에서는 '메시지'와 '메일 박스'라는 두 가지 중요한 오브젝트가 있다. 메일 박스와 메시지는 직접적으로 관련돼 있으므로 이를 그림으로 하면 그림 2-6-1과 같다. 그림 안의 '*'는 하나의 메일 박스에 메시지가 여러 개 있음을 의미한다.

어떤 개념을 오브젝트라고 할 수 있는지 판단하는 단서는 다음과 같다.

- **셀 수 있는 명사로 나타낼 수 있다.**
- **같은 종류의 집합으로 관리할 수 있다.**
- **공통의 액션을 갖고 있다.**

메일 박스도 메시지도 셀 수 있는 명사이며, 애플리케이션 안에서 같은 종류의
집합으로 존재하고 관리될 것이다. 또한 각 메일 박스는 같은 액션('이름 변경' 등)
을 갖고 있으며, 각 메시지도 같은 액션('삭제' 또는 '메일 박스의 이동')을 갖고 있다.

이러한 점에서 '메일 박스'와 '메시지'는 오브젝트라 할 수 있다(이 책에서는 오브젝
트라는 단어를 사용자의 관심 대상인 주요한 개념물의 의미로 쓰고 있다. 프로그래밍 모델에서
는 더 많은 것을 오브젝트로 다룬다).

그림 2-6-1 메일 박스와 메시지의 관계

한편, 이메일 클라이언트에서 오브젝트로서 적당하지 않은 개념으로는 '수신'이
나 '플래그' 등이 있다. '수신'은 주로 동사로 쓰는 태스크이기 때문에 오브젝트라
고 할 수 없다. '플래그'는 주로 명사로 사용되지만 각 메시지에 덧붙이는 '온오프
속성'에 지나지 않기 때문에 오브젝트라고 할 수 없다.

단, 동사적인 개념이나 속성적인 요소라도 시스템의 목적에 따라 오브젝트가 되
는 것도 있다. 이러한 경우는 나중에 다시 설명한다.

스텝2. 뷰와 내비게이션 검토

대상 도메인에서 오브젝트('메일 박스'와 '메시지')를 추출했다면 다음은 뷰를 생각
한다. 뷰는 윈도우, 페이지, 분할된 레이아웃 안의 하나의 팬, 메뉴로 표시되는 하

나의 리스트 등, 사용자가 실제로 화면에서 보는 한 묶음의 정보 표시 영역을 말한다. 오브젝트는 뷰를 수반하는 것으로 구체화되고 사용자는 이를 지각한다.

보통 시스템 안에서는 하나의 오브젝트가 여러 개의 뷰에서 다뤄진다. 예를 들어 아이콘, 리스트 안의 1행, 분할된 화면의 1팬^{pane}, 1화면 전체 등이다. 같은 오브젝트가 상황에 따라 모습을 바꾸면서 서로 다른 면적이나 정보의 상세도로 사용자에게 보여진다.

뷰의 표현에는 여러 가지 형태가 있지만 크게 '컬렉션'과 '싱글' 두 가지가 있다.

컬렉션은 하나의 뷰 안에 같은 종류의 오브젝트를 여러 개 나열해 표시하는 것이다. 보통 컬렉션 뷰에서는 오브젝트 가진 속성 중에 중요한 것만 표시한다.

'싱글'은 하나의 뷰에서 오브젝트 하나를 표시하는 것이다. 보통은 컬렉션보다 더 많은 속성을 표시한다.

많은 애플리케이션, 특히 업무 애플리케이션의 대부분은 데이터베이스에 축적된 정보의 CRUD(작성, 열람, 업데이트, 삭제)를 작업하는데, 이 때 보통 레코드의 리스트 화면과 상세 화면을 왔다 갔다할 수 있다. 해당 리스트 화면이 컬렉션 뷰, 상세 화면이 싱글 뷰에 해당한다.

이메일 클라이언트의 예로 돌아가면 '메시지'의 컬렉션 뷰는 메시지 리스트의 표시 영역이 되고, 싱글 뷰는 메시지 1건의 표시 영역이다. 또한 메시지의 싱글 뷰는 메시지의 컬렉션 뷰(메시지 리스트)에서 사용자가 임의로 1건을 선택해 호출하는 것이 자연스럽다. 뷰 호출은 보통 사용자의 조작으로 이뤄진다.

컬렉션과 싱글이라는 두 종류의 뷰를 갖고 있는 오브젝트가 많지만, 이메일 클라이언트의 경우 '메시지 박스'는 메시지 컬렉션 뷰를 호출하는 단서에 지나지 않기 때문에 화면에서 그다지 강조할 필요가 없다. 따라서 메시지 박스의 싱글 뷰(상세 화면)는 겉으로 나타내지 않고 옵션처럼 취급(메일 박스의 설정 화면 등) 해도 좋다.

메일 박스, 메시지 및 각각의 뷰의 관계를 개념도로 나타내면 그림 2-6-2와 같다. 먼저 사용자에게 메일 박스 리스트가 제시되고, 사용자가 그 중 하나를 선택하면 안에서 메시지가 나열된다. 그리고 거기서 사용자가 하나를 선택하면 1건의 메시지 내용이 표시된다.

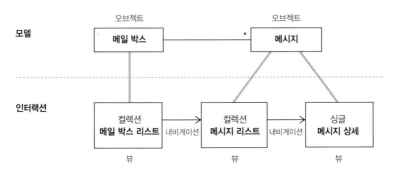

그림 2-6-2 메일 박스, 메시지 및 각각의 뷰의 관계

스텝3. 레이아웃 패턴 적용

애플리케이션에서 다루는 오브젝트와 해당 뷰가 대략 정의되면 화면에 레이아웃으로 배치해 나간다.

레이아웃 방법은 타깃 디바이스의 화면 사이즈에 따라 바뀐다. 예를 들어 PC 애플리케이션처럼 비교적 넓은 면적을 쓸 수 있는 경우, 각 뷰를 팬으로 하나의 화면 안에 나열하도록 구성할 수 있다. 이 때 팬 사이에서의 뷰 호출에 수반하는 인터랙션은 '왼쪽에서 조작한 결과가 오른쪽에 반영된다', '위에서 조작한 결과가 아래에 반영된다'라는 방향성을 갖고 디자인하면 사용자가 행동의 의미를 쉽게 이해할 수 있다.

이 원리를 적용하면 PC용 이메일 클라이언트의 메일 박스와 메시지를 보여주는
방식은 그림 2-6-3과 같을 것이다.

프레젠테이션

화면

그림 2-6-3 메일 박스와 메시지의 프레젠테이션(PC)

PC에서는 화면 면적을 넓게 쓸 수 있기 때문에 메일 박스의 리스트, 메시지 리스
트, 메시지의 상세 내용을 한 화면 안에 담을 수 있다. 앞서 말한 오브젝트와 뷰의
관계도에 '화면' 단위를 더하면 그림 2-6-4와 같이 표현할 수 있다.

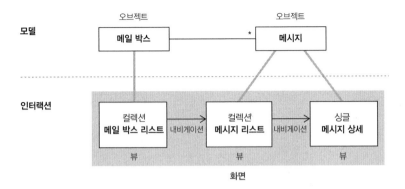

모델
오브젝트
메일 박스
*
오브젝트
메시지

인터랙션
컬렉션
메일 박스 리스트
뷰
내비게이션
컬렉션
메시지 리스트
뷰
내비게이션
싱글
메시지 상세
뷰

화면

그림 2-6-4 오브젝트와 뷰의 관계에 '화면'을 더한다(PC).

한편 모바일 앱처럼 작은 화면용 디자인에서는 뷰마다 화면을 구별해 변경해줘야 한다. 그러면 화면 이미지는 그림 2-6-5, 개념도는 그림 2-6-6과 같다.

프레젠테이션

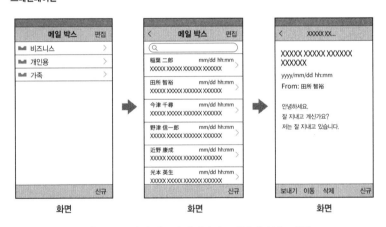

그림 2-6-5 메일 박스와 메시지의 프레젠테이션(모바일)

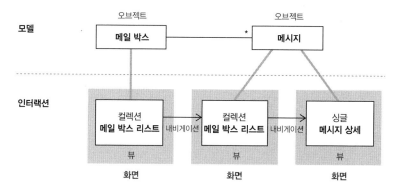

그림 2-6-6 똑같은 UI 모델이 다른 화면 환경에 대응할 수 있다(모바일)

그림을 보면 똑같은 UI 모델이지만 PC용과 모바일용으로 화면 단위를 바꿈으로써 서로 다른 화면 환경에 대응할 수 있음을 알 수 있다.

지금까지 객체지향 UI의 설계 스텝을 간단하게 살펴봤다. 그러면 드디어 3장에서 여기서 말한 작업 내용을 좀 더 자세하게, 실제에 적용할 수 있는 예를 들어가며 설명하겠다.

3

객체지향 UI 설계 실천

3장에서는 객체지향 UI 설계 기법을 자세하게 설명한다. 이 방법론은 모바일 앱에도 PC 앱에도 적용할 수 있다.

또한 이 방법론은 기본적인 사고방식과 패턴 예를 보여주는 것으로, 디자인하는 애플리케이션의 성질에 따라 바꿀 수 있는 여지가 많다.

각 설계 스텝의 본질을 파악하고 나면 더 좋은 기법을 찾아 깊이 연구해 보길 바란다.

3-1 객체지향 UI 설계 스텝

먼저 설계 스텝은 크게 3가지로 오브젝트 추출, 뷰와 내비게이션 검토, 레이아웃 패턴의 적용이다.

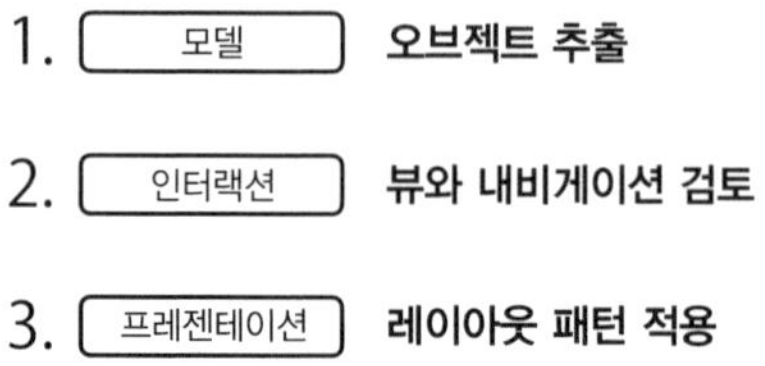

1. [모델] **오브젝트 추출**

2. [인터랙션] **뷰와 내비게이션 검토**

3. [프레젠테이션] **레이아웃 패턴 적용**

그림 3-1-1 객체지향 UI의 설계 스텝

지금부터 각 스텝을 순서대로 살펴보자. 기본을 이해하기 위해 촘촘히 단계적으로 진행하겠지만, 익숙해지면 중간 작업을 머릿속으로만 하거나 작업 순서를 바꿔도 상관없다.

앞 장에서 말했듯이 스텝 1, 2, 3은 아무 데서나 시작해도 괜찮다. 그리고 각 스텝을 왔다 갔다 하면서 진행하는 것이다. 정보량이 많은 복잡한 애플리케이션일수록 스스로가 보이는 형태로 만들어 봐야 비로소 얻을 수 있는 깨달음도 있다. 실제로 경험 많은 디자이너는 요건이 애매한 단계일지라도 레이아웃을 해보고 그걸 보면서 개념을 정리해 부정합을 발견한다.

모델, 인터랙션, 프레젠테이션 사이에서 추상 및 구상을 결합하고, 이 모든 것이 목표에 부합할 때 디자인은 완성된다.

3-2 디자인하는 대상의 전체 구조

각 스텝에서 디자인 대상간의 대략적인 관계는 다음과 같다.

모델

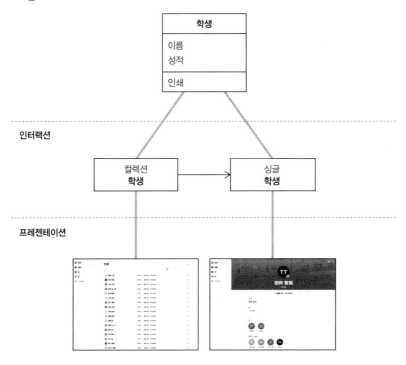

그림 3-2-1 3장에서 디자인하는 대상의 전체 구조

모델 레이어에서 정의된 오브젝트는 인터랙션 레이어에서 여러 개의 뷰로 표상된다. 이 뷰들을 조합해 프레젠테이션 레이어에서 화면이 된다.

하나의 뷰를 1화면으로 할 수도 있고, 뷰 2개를 1화면으로 할 수도 있다. 예를 들어 스마트폰에서는 뷰 하나를 1화면으로, PC에서는 2개의 뷰를 1화면으로 해서 각 디바이스의 디스플레이 사이즈를 살린 디자인을 만들 수 있다.

또한 뷰 안에 다른 뷰를 포함하는 경우도 있다. 자세한 내용은 나중에 설명하겠지만, 싱글 뷰 안에 다른 오브젝트의 컬렉션 뷰를 포함한 레이아웃이 그 예다.

지금부터 가상의 애플리케이션 UI를 만들어 가는 과정을 따라 객체지향 UI 설계에 필요한 작업과 디자인 패턴을 설명하겠다.

3-3 스텝1. 오브젝트 추출

먼저 오브젝트 추출이다.

다음 그림은 학교 명단 애플리케이션을 이미지한 태스크 샘플이다. 단편적이고 완성도도 제각각이지만, 애플리케이션을 생각할 때 수행해야 할 작은 목표 태스크들을 예로 들겠다.

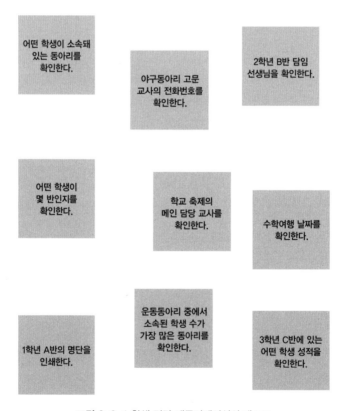

그림 3-3-1 학생 명단 애플리케이션의 태스크

상정된 태스크로 쓰인 단어나 표현은 애플리케이션 디자인에 큰 영향을 준다. 실제 디자인에서는 사전 리서치나 요구 분석 등을 통해 이 태스크를 정리하는 일부터 시작한다. 여기에서는 이런 태스크들이 막연하다고 느껴진다면 일단 이런 막연함을 살짝 어떤 형태로 만드는 상황으로 생각해 주길 바란다.

이 태스크의 단편을 예로 들면서 객체지향 UI의 접근법을 설명하겠다.

'명사'를 추출

각각의 태스크 문장에서 명사를 찾는다.

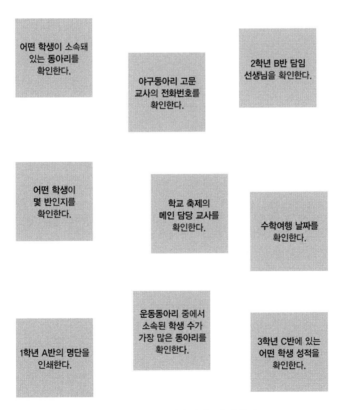

그림 3-3-2 태스크에서 명사를 추출한다.

명사를 단서로 오브젝트를 추출한다. 이때 명사를 기계적으로 뽑아내는 게 아니라, 사용자가 관심을 두고 있는 대상이 되는 개념이 무엇인지를 생각하라.

오브젝트에는 '사물'도 있지만, '의식이나 사고의 대상'도 있다. 먹을거리나 서적도 오브젝트이며, 식사나 독서도 오브젝트다.

그림 3-3-3 오브젝트에는 '사물'도 '의식이나 사고의 대상'도 있다.

찾아보면 이것도 저것도 오브젝트로 일상생활에서는 평소 많은 명사에 둘러싸여 있다. 24시간 365일 오브젝트 안에 사는 것이다.

'명사'와 이들의 관계를 추출

다음은 명사끼리의 관계를 정리한다.

그림 3-3-4 명사끼리의 관계를 추출한다.

태스크별로 명사끼리의 관계를 나타내기 위해 선으로 연결해 보자. 이 부분은 UML의 클래스 다이어그램으로 시스템이 다루는 기본개념을 모델링한 경험이 있다면 익숙한 작업일 것이다.

'명사'를 일반화해 정밀도 맞추기

여기서 명사를 일반화해서 정밀도를 맞춰본다.

그림 3-3-5 공통분모를 찾아 명사를 일반화한다.

각각의 명사에서 공통분모를 찾아 여러 개의 명사를 뭔가 다른 하나의 명사로 만들 수 없을까 생각해 보라. 예를 들어 '동아리 활동과 야구동아리는 둘 다 동아리'처럼 말이다. 정리하는 법이 정해져 있는 건 아니다. 스스로 생각해서 정리해보자.

지나치면 '사물'이나 '의식이나 사고의 대상'과 같이 추상적이 될 수 있다. 너무 상위 개념으로 올라갔나 싶을 때는 되돌아오자.

'운동동아리는 동아리와 이의 하위 카테고리로 나눌 수 있을까?'라고 생각한 경우, 태스크 안에 쓰인 단어로는 드러나 있지 않지만 '카테고리'라는 이름을 세워도 괜찮다.

'명사'의 관계성을 연결해 오브젝트 특정

지금까지는 태스크별로 명사를 추출했다. 여기서부터는 명사를 서로 연결해 애플리케이션 전체에서 다뤄지는 오브젝트로 정리한다.

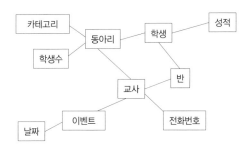

그림 3-3-6 명사를 연결해 오브젝트를 정리한다.

그림 3-3-5 상태에서 같은 명사를 통합하고, 네트워크상에 연결한다. 태스크가 분해되고 서서히 오브젝트를 중심으로 한 구성이 보이기 시작한다.

오브젝트 중에 '메인 오브젝트'를 특정

다음으로 오브젝트의 우선순위를 생각해나간다.

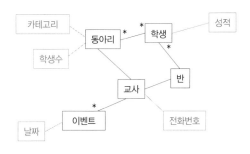

그림 3-3-7 메인 오브젝트를 특정한다.

오브젝트를 주요한 것과 그렇지 않은 것으로 나눠 한 덩어리로 만들어 보자.

이 예에서는 여러 개의 오브젝트 중에서 동아리, 학생, 교사, 반, 이벤트를 메인 오브젝트로 다루도록 했다. 카테고리, 학생 수, 성적, 날짜 전화번호는 서브 오브젝트로 간주하고 있다.

메인 오브젝트의 다중성 특정

메인 오브젝트를 정하면 다음에는 관련된 메인 오브젝트끼리의 다중성을 생각한다.

선으로 연결한 2개의 메인 오브젝트 사이에 다중이 될 가능성이 있는 것 옆에 '*'를 표시한다.

예를 들어 학생과 반의 관계를 보면 학생 한 명은 한 반에만 속할 수 있지만, 한 반에는 여러 명의 학생이 소속돼 있다. 이 경우 학생과 반을 연결하는 선의 학생 쪽에 다중성을 나타내는 '*'를 표시한다.

메인 오브젝트에 부수되는 오브젝트를 프로퍼티로

메인 오브젝트에 부수되는 서브 오브젝트를 정리한다. 우리는 이를 프로퍼티라 부른다.

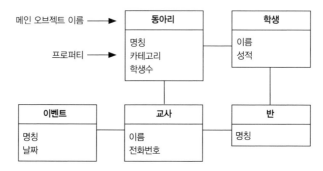

그림 3-3-8 서브 오브젝트를 프로퍼티로 한다.

프로퍼티로서의 서브 오브젝트는 그림과 같이 메인 오브젝트 이름 아래에 이어서 적는다. 그리고 관련된(선으로 연결된) 메인 오브젝트끼리도 각각의 프로퍼티라고 생각한다.

또한 태스크에 명시돼 있지 않더라도 필요할 것같은 프로퍼티가 있다면 추가한다. 일반적으로 사용자가 화면상에서 오브젝트를 식별할 수 있도록 '명칭/이름'이라는 프로퍼티가 대부분의 오브젝트에 필요하다.

예를 들어 그림 3-3-8은 학생 오브젝트에 대해 이름, 성적, 반, 동아리라는 4개의 프로퍼티가 있음을 나타낸다.

칼럼

메인 오브젝트 선택 포인트

무엇을 메인 오브젝트로 할지는 정해져 있지 않지만 몇 가지 포인트가 있다. 사람이 원래 가진 우선도의 판단 능력은 높아 '이 관계 영역에서 주요한 것은 무엇인가?'라고 자문한다면 큰 어려움 없이 메인 오브젝트를 선정할 수 있을 것이다.

예를 들어 레스토랑에 관한 오브젝트를 다음 그림과 같이 분석한 경우, '가게'와 '이름'이 있다면 '가게'를 메인으로, '요리'와 '가격'이라면 '요리'를 메인으로 생각할 수 있다.

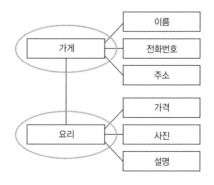

그림 3-3-9 레스토랑의 오브젝트

아무것도 생각나지 않을 때는 관계를 나타내는 선이 얼마나 많은지를 기준으로 하는 것도 한 가지 방법이다. 기반이 되는 태스크는 어디까지나 단서일 뿐이지만, 많은 오브젝트에 관련된 오브젝트가 사용자 관심사의 허브가 되고 있다는 의미에서 주요 오브젝트로 판단하는 것이 타당하다.

한편 혼란스러운 경우도 있다.

그림 3-3-10 이름이나 전화번호는 메인 오브젝트일까?

이름이나 전화번호 등은 다양한 오브젝트와 연관돼 있더라도 메인 오브젝트는 아니다. 관련 오브젝트로 '가게'나 '손님'과 같은 것이 있으면 여기에 부속된 프로퍼티로 취급한다.

단, 이름 판단이나 전화번호 검색 애플리케이션을 만들려고 한다면 이름이나 전화번호는 메인 오브젝트라 해도 괜찮다.

이름	전화번호
획수 운세	발신처 평가

그림 3-3-11 이름 운세 앱(왼쪽)과 전화번호 검색 앱(오른쪽)의 메인 오브젝트

이 경우 이름의 프로퍼티로는 '획수'나 '운세'를, 전화번호의 프로퍼티로는 '발신처'나 '평가'를 정의할 수도 있다.

또한 오브젝트 사이의 관계성도 기준이 된다. 오브젝트를 검색할 수 있는 일반적인 애플리케이션을 상상해 보자. 오브젝트의 상세 정보에 해당하는 프로퍼티는 검색 시 조건이 된다.

여기서 학교의 '반'을 예로 생각해보자. 반은 메인 오브젝트일까? 아니면 학생에 부속된 프로퍼티일까?

그림 3-3-12 단순히 학생을 특정하는 조건이라면 반은 프로퍼티

3학년 B반 학생을 검색할 경우 학생 오브젝트를 검색대상으로, 조건을 '반 = 3학년 B반'으로 검색하면 찾을 수 있다. 즉 반이 학생을 특정하는 데만 쓰인다면 학생의 첫 번째 프로퍼티로 반을 자리매김하면 된다.

하지만 반 자체에 관한 정보나 반에 관련된 메인 오브젝트가 여러 개인 경우는 반도 하나의 메인 오브젝트로 생각할 수 있다.

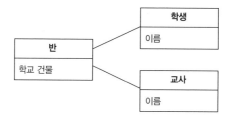

그림 3-3-13 그 자체에 관한 정보나 관련된 메인 오브젝트가 여러 개인 경우 반은 메인 오브젝트

예를 들어 반의 교실이 있는 학교 건물의 정보나 반에 관련된 학생 또는 교사가 있는 경우는 반의 존재 의의가 커진다.

이럴 경우 반은 학생을 특정하기 위해서만 존재하는 것이 아니고 반 단위로 여러 가지 정보를 찾을 때의 기점이 되기 때문에 메인 오브젝트로 한다.

태스크에서 액션을 찾다

다음은 메인 오브젝트와 액션을 결합한다.

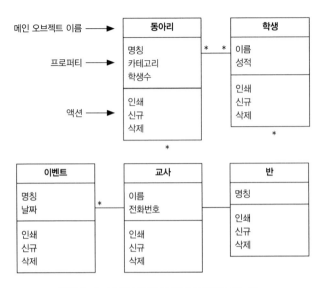

그림 3-3-14 태스크의 동사에서 액션을 찾는다.

액션은 태스크(그림 3-3-1 참조)에 있는 동사를 단서로 찾는다. 프로퍼티를 보충했을 때와 같은 방법으로 액션도 채워 넣는다. 편집 가능한 애플리케이션의 경우, 대개 신규 작성이나 삭제를 한다. 이러한 액션이 있을 것 같은 경우는 보충해야 한다.

또한 '~확인한다'라고 하는 태스크는 해당 오브젝트를 표시하는 것으로 끝나기 때문에 오브젝트의 액션에는 맞지 않는다.

실제로는 '팬의 개폐'와 같은 UI 컨트롤에 대한 액션도 있으며 모든 액션이 메인 오브젝트에만 관련한 것은 아니다.

또한 액션이 프로퍼티에 붙는 경우도 있지만, 여기서는 단순화하기 위해 메인 오브젝트에 결합한다.

'학생 정보를 인쇄한다'라면 '학생'에 '인쇄한다'로 한다. '학생 이름을 인쇄한다'라면 '이름을 인쇄한다'는 액션으로 해 놓으면 연결돼 있는 대상의 프로퍼티를 알기 쉬워진다.

100

칼럼

태스크, 오브젝트, 프로퍼티, 액션

지금까지 등장했던 태스크, 오브젝트(메인 오브젝트), 프로퍼티, 액션을 슈퍼마켓에서 장보기에 비유해 보겠다.

태스크   오브젝트   프로퍼티   액션

그림 3-3-15 장보기의 태스크, 오브젝트, 프로퍼티, 액션

장보기 리스트에 적힌 '할 일'은 태스크, 구입하려는 빵은 오브젝트, 빵에 붙어 있는 레이블 정보는 프로퍼티, '장바구니에 담기'라는 액션이 있다고 생각해 보자.

3-4 스텝2. 뷰와 내비게이션 검토

스텝2에서는 뷰와 뷰끼리의 호출 관계(내비게이션)를 생각해 본다.

객체지향 UI에서 오브젝트는 애플리케이션 안의 여러 개의 뷰로 표상된다. 예를 들어 어떤 학생이 학생 리스트에 표시되는 경우도 있고, 학생의 상세 화면으로 표시되는 경우도 있다.

또한 성적 리스트에 표시되기도 하고, 동아리의 상세 화면에 한 명의 동아리원으로서 표시되기도 한다.

그 밖에 이벤트 리스트에 표시되는 참가자 중 한 명이 되는 경우도 있을 것이다.

기본 뷰 형식

오브젝트를 표상하는 뷰에는 크게 컬렉션 뷰와 싱글 뷰가 있다. 컬렉션 뷰는 여러 개의 오브젝트를 집합으로 나타내는 것이고, 싱글 뷰는 하나의 오브젝트를 나타내는 것이다.

컬렉션

顧客一覧				
氏名	ID	年齢	住所	電話
土肥 良一	37954	33	沖縄県 名護市	XXX-8895-8360
宮島 陽奈	99585	31	宮崎県 延岡市	XXX-8444 3848
中塚 博優	93876	28	宮城県 遠田郡涌谷町	XXX-6129-7740
長尾 正和	50386	21	栃木県 佐野市	XXX-8827 9100
多田 義一	15598	22	高知県 高岡郡佐川町	XXX-1807-4999
福岡 美希	29438	26	福島県 大沼郡会津美里町	XXX-4153 4558
川辺 伸生	17910	47	静岡県 静岡市駿河区	XXX-4094-4521
高沢 環薫	55507	49	山梨県 中巨摩郡昭和町	XXX-5570-2845
小松 千佐子	37294	35	石川県 金沢市	XXX-6570-6697
岩崎 和枝	22395	45	東京都 港区	XXX-0204-2725

싱글

顧客詳細	
ID	37954
氏名	土肥 良一
フリガナ	ドイ リョウイチ
電話	XXX-8895-8360
住所	〒905-0017
	沖縄県 名護市
	大中 3-X-7 大中アパートX16
年齢	33
生年月日	1985-05-08

그림 3-4-1 기본 뷰 형식

애플리케이션 화면 구성을 생각할 때, 먼저 오브젝트별로 컬렉션 뷰와 싱글 뷰를 준비하자.

인간은 주변에 있는 것을 바라보고, 주의를 끄는 것이 있으면 가까이 가서 보는 행동을 반복한다. 이는 실생활에 무의식으로 반복하는 보편적인 행동이다.

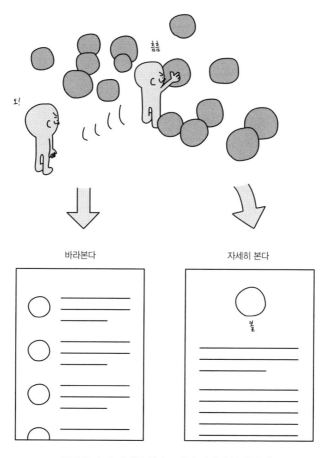

그림 3-4-2 바라본다(리스트)와 자세히 본다(상세)

애플리케이션에서도 마찬가지다. 사용자가 오브젝트를 바라보고 필요에 따라 자세히 알 수 있도록 리스트(컬렉션 뷰)와 상세(싱글 뷰)가 있다.

지도나 그래픽 작성 애플리케이션에서는 확대나 축소의 줌 표현을 이용하는 경우도 있다.

메인 오브젝트 '컬렉션'과 '싱글' 뷰 부여

뷰의 기본 구성을 만들기 위해서 먼저 기계적으로 메인 오브젝트에 각각 컬렉션 뷰와 싱글 뷰를 상정한다.

컬렉션 뷰에서 싱글 뷰를 호출하는 흐름을 나타내기 위해 화살표로 양쪽을 연결한다.

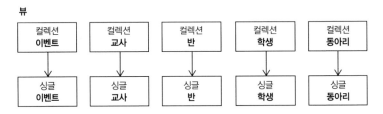

그림 3-4-3 컬렉션과 싱글 뷰를 부여하고 화살표로 잇는다.

칼럼

싱글 뷰와 컬렉션 뷰 생략

싱글 뷰 생략

여기서는 기계적으로 2개의 뷰를 준비했지만, 최종적으로는 싱글 뷰를 생략하는 경우가 있다.

그림 3-4-4 싱글 뷰 생략

예를 들어 '소지품' 오브젝트가 있다고 해보자. 애플리케이션의 용도로 '책갈피, 도시락, 과자, 물통, 갈아입을 옷' 등 소지품 리스트만 있으면 충분할 경우 상세

104

화면은 필요 없기 때문에 싱글 뷰를 생략한다.

단, 생략할지 말지의 판단은 대부분의 경우 레이아웃 면적과의 균형으로 결정된다. 그렇기 때문에 이 단계에서 생략 여부를 결정할 필요는 없다.

컬렉션 뷰 생략

컬렉션 뷰를 생략하는 경우도 있다.

그림 3-4-5 컬렉션 뷰 생략

로그인 사용자인 자신의 어카운트 정보와 같은 것은 애플리케이션 안에 하나밖에 없기 때문에 컬렉션 뷰로 리스트를 표시할 필요 없이 싱글 뷰만 보여준다.

- **자신의 어카운트의 닉네임을 변경한다.**
- **자신의 계좌 잔고를 확인한다.**

이러한 경우는 컬렉션 뷰를 생략하자. 단, 관리자처럼 어카운트를 자유롭게 추가할 수 있는 입장에서 보면 어카운트 리스트가 존재하기 때문에 컬렉션 뷰가 필요하다.

컬렉션 뷰와 싱글 뷰의 호출 관계 검토

이번에는 컬렉션 뷰와 싱글 뷰의 호출 관계를 조금 더 검토해 보자.

제일 먼저 각 메인 오브젝트의 컬렉션 뷰와 싱글 뷰를 연결한다(그림 3-4-3 참조). 여기서는 오브젝트 추출시에 특정했던 메인 오브젝트끼리의 연결과 다중성을 단서로 내비게이션으로서의 호출 관계를 살펴본다.

먼저 반과 학생의 호출 부분을 보자.

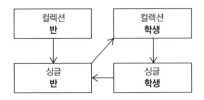

그림 3-4-6 반과 학생의 호출 관계

한 반에는 여러 학생이 소속돼 있을 테니, 반의 싱글 뷰에서 학생의 컬렉션 뷰를
화살표 선으로 연결해 보자.

학생에서 반을 호출하는 경우는 어떨까?

이 경우 한 명의 학생이 소속된 반은 하나다. 그러므로 학생의 싱글 뷰에서 반의
싱글 뷰로 연결하자.

이와 같이 메인 오브젝트끼리의 연결과 다중성에서 참조 가능성을 도출해 호출
관계를 정의해간다.

참조 가능성이란 서로 관계하는 오브젝트 사이에 각각의 다중성에 따라 참조되
는 상태에 있다는 것이다. 보통 한 쪽 오브젝트의 싱글 뷰가 참조의 시작이 되고,
다른 한 쪽의 오브젝트의 컬렉션 뷰(다중성이 있는 경우) 또는 싱글 뷰(다중성이 없
는 경우)가 참조의 끝이 된다. 참조의 시작에서 참조의 끝을 향해 화살표 선을 긋
는다.

사용자는 어떤 오브젝트에서 그것과 직접 관련 있는 다른 오브젝트를 호출해 보
고 싶어한다. 따라서 이 화살표 선이 내비게이션의 이동 방향을 나타낸다.

반대로 참조 가능성이 없는 관계는 연결하지 않고 둔다. 예를 들어 학생의 싱글
에서 반 컬렉션으로는 연결할 수 없다. 여러 반이 학생 한 명에게 종속돼 있는 경
우는 없기 때문이다.

단, 모든 참조 가능성을 UI로서 실제로 구축할 필요가 없을지도 모른다. 실제 화면을 상상하면서 내비게이션으로서 필요한 호출 관계를 정의한다.

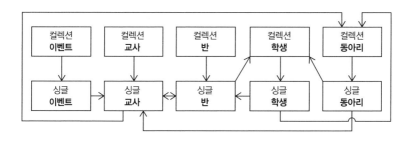

그림 3-4-7 각 메인 오브젝트끼리의 참조 가능성을 고려한 호출 관계

메인 오브젝트 중에서 루트 내비게이션 항목 선정

다음으로 메인 오브젝트 중 루트 내비게이션에 배치할 항목을 선정한다.

그림 3-4-8 루트 내비게이션 항목

루트 내비게이션은 애플리케이션의 최상위 내비게이션이다. 루트 내비게이션 항목의 선정 기준은 학교에서의 학생과 같이 전체적으로 볼 때 특히 중요한 오브젝트를 고르는 것이다. 사용자가 애플리케이션을 사용할 때 사고의 기점이 될 만한 오브젝트를 선정한다.

특정 오브젝트서만 호출되는 오브젝트나 사용자가 참조하는 빈도가 낮을 것 같은 오브젝트는 우선순위를 낮춰 생각한다.

단, 참조 빈도가 적더라도 전체적으로 볼 때 중요하다면 루트 내비게이션 항목의

후보가 될 것이다. 그 외에도 다음 사항을 주의하면서 루트 내비게이션 항목을
고른다.

- 루트 내비게이션에는 메인 오브젝트 중에서 특히 중요한 것을 늘어놓는다.
- 사용자가 애플리케이션을 사용할 때 제일 처음 떠올리는 오브젝트를 선택한다.
- 애플리케이션을 '기능'이 아닌 '사물'이 나열돼 있는 이미지로 파악한다.
- 동사가 아닌 오브젝트 이름을 사용한다.
- 오브젝트 명의 어미에 관리, 리스트, 열람, 확인, 조회, 참조, 등록, 정보, 편집 등을 부여하지 않는다.
- 사용자가 루트 내비게이션을 선택하면 해당 오브젝트의 컬렉션 뷰를 표시한다(컬렉션 뷰가 생략된 경우는 제외).

학교 명단 애플리케이션의 예에서는 모든 메인 오브젝트(학생, 교사, 반, 동아리, 이벤트)를 루트 내비게이션 항목으로 본다.

그림 3-4-9 루트 내비게이션의 레이아웃 예

사용자가 루트 내비게이션에서 임의의 오브젝트를 선택하면 오브젝트의 컬렉션 뷰를 표시한다. 이렇게 하면 사용자가 먼저 오브젝트를 보고 나서 액션을 선택할 수 있게 된다.

칼럼

루트 네비게이션의 항목, 아이콘, 레이블링

루트 내비게이션에 나열되는 것

루트 내비게이션에 오브젝트를 늘어놓으면 그것이 애플리케이션의 기본적인 정보 구성이 된다.

루트 내비게이션에 오브젝트 이외의 것을 놓으면 어떻게 될까?

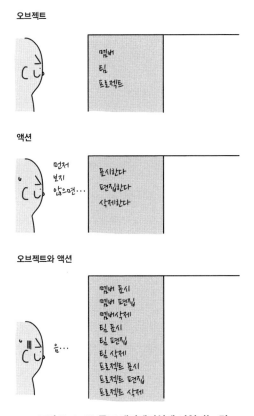

그림 3-4-10 루트 내비게이션에 나열되는 것

오브젝트 이외를 늘어놓으면 애플리케이션 안의 구체적인 대상을 알 수 없어 선택하기 어려워진다.

오브젝트와 액션을 조합하면 항목수가 많아지고 구체적인 대상을 모른 채 액션을 사전에 결정하지 않으면 안 된다. 이를 실생활에 빗대면 구매를 결정한 사람만 상품을 볼 수 있는 가게와 같다. 상품을 보기 전에 살지 말지를 정하는 것은 어려운 일이다. 마음 먹고 가게에 들어가더라도 결국 사지 않는 경우도 있다. 이렇게 되면 사전에 '산다'를 선택한 의미가 없어진다.

루트 내비게이션 항목의 아이콘

루트 내비게이션 항목으로 선정한 오브젝트의 아이콘을 생각해 보자. 이 아이콘을 애플리케이션 안에서 일관되게 사용해야 사용자가 전체의 정보 구조에 대한 적절한 멘탈 모델을 가질 수 있다.

그림 3-4-11 루트 내비게이션 항목의 아이콘

이 아이콘을 참고해도 좋고 적절한 것이 없으면 스스로 생각해 보길 바란다.

아이콘은 '사물'를 나타내는 경우가 많으므로 아이콘을 그려봄으로써 정보 오브젝트의 이미지가 떠오르기 시작한다. 서로 다른 아이콘 중에 같은 모티브가 있을 경우 같은 오브젝트가 관계하고 있는 것을 나타내고 있다. 오브젝트라는 개념에 익숙하지 않더라도 아이콘이라는 그림을 통해 이를 단적으로 전달할 수 있는 것

110

이다.

루트 내비게이션 항목 레이블링

루트 내비게이션 항목의 레이블링은 가능한 한 간결하게 해당 오브젝트의 종류
를 나타내는 것으로 한다. 다음과 같은 문구를 항목명 끝에 붙여 놓은 것을 흔히
볼 수 있는데, 쓸데없이 길어지니 가급적 붙이지 말기 바란다.

- 시스템
- 리스트
- 관리
- 확인
- 참조
- 조회
- 정보

3-5 스텝3. 레이아웃 패턴 적용

스텝3에서는 사용자가 실제로 보는 화면으로서 레이아웃 패턴을 적용한다.

객체지향 UI의 레이아웃에서는 이미 일반화돼 있는 패턴을 이용한다. GUI가 보
급된 1980년대 이후 지금까지 여러 가지 레이아웃 및 화면 전개를 시험해 왔다.
그 중에서 오브젝트의 리스트 표시 및 오브젝트의 추가, 열람, 업데이트, 삭제와
같은 조작에 따르는 시각 표현에는 경험을 통해 얻은 '좋은 패턴'이 있다. 이 패턴
을 적절히 답습함으로써 사용자가 애플리케이션의 행동을 단시간에 학습하고,
자신이 고안한 것을 포함시켜 생각한대로 쓸만한 UI를 만들어 낼 수 있다.

여기서는 객체지향 UI에 적합한 레이아웃 패턴으로, 루트 내비게이션의 배치, 뷰

배치, 컬렉션 뷰의 표시 형식, 컬렉션의 필터링, 싱글 뷰의 표시 형식, 액션의 표시 형식을 설명한다.

그런 다음, 설명한 레이아웃 패턴 중에서 학교 명단 애플리케이션에 어울리는 것을 적용해 보겠다.

루트 내비게이션의 배치 패턴

루트 내비게이션의 배치에는 다음과 같은 패턴이 있다.

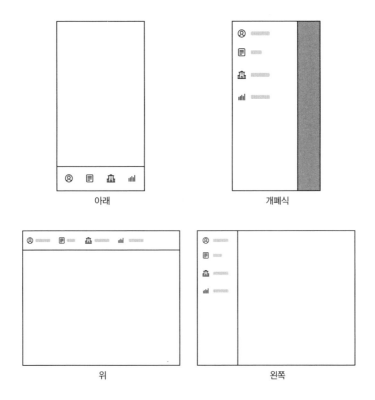

그림 3-5-1 루트 내비게이션의 배치 패턴

스마트폰의 UI에서는 아래에 개폐식을, PC계열이면 위 또는 왼쪽에 루트 내비게이션 항목을 배치하는 경우가 많다.

가로 방향으로 나열하는 경우는 수를 한정시킨다. 항목수가 많을 경우 세로 방향으로 나열해 스크롤할 수 있게 한다.

뷰의 배치 패턴

드릴다운 방향성

뷰의 배치 방법의 전제가 되는 드릴다운의 방향성을 알아 둬야 한다.

상위에서 하위(대분류에서 소분류)로 대상을 상세화하는 드릴다운에는 다음 그림과 같이 레이아웃상의 방향성이 있다.

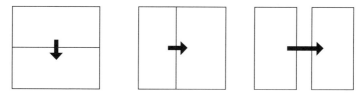

그림 3-5-2 드릴다운의 방향성

컬렉션 뷰와 싱글 뷰의 관계를 화면상에 나타내려면 하나의 화면을 팬으로 구분해 위에서 아래로, 왼쪽에서 오른쪽 순서로 표시하거나 각각을 서로 다른 화면으로 해 전이시켜 표시한다.

뷰의 배치는 단순한 것에서 복잡한 것까지 다양한 패턴이 있다. 여기에서는 범용 패턴 4가지를 소개한다. 레이아웃을 선택하는 데 참고하기 바란다.

단일 메인 오브젝트

먼저 메인 오브젝트가 하나인 경우 뷰의 배치 패턴을 생각해보자.

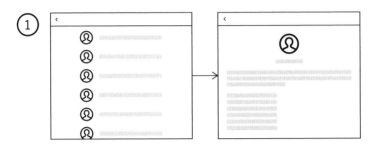

그림 3-5-3 메인 오브젝트는 하나이며 화면을 나눠 전개

그림 3-5-4 메인 오브젝트는 하나이며 한 화면을 2개의 팬으로 나눈다.

메인 오브젝트가 하나일 경우, 루트 내비게이션은 생략한다.

①은 뷰마다 화면을 나눠 전개하는 패턴이다. ②는 하나의 화면을 2개의 팬으로
나눠 컬렉션 뷰와 싱글 뷰를 왼쪽에서 오른쪽으로 배치하는 패턴이다.

114

여러 개의 메인 오브젝트

메인 오브젝트가 여러 개 있는 경우의 배치 패턴이다.

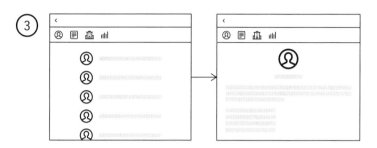

그림 3-5-5 메인 오브젝트가 여러 개이며 루트 내비게이션을 배치하고 화면을 나눠 전개한다.

그림 3-5-6 메인 오브젝트가 여러 개이며 루트 내비게이션을 배치하고, 하나의 화면을 2개의 팬으로 구별한다.

메인 오브젝트가 여러 개이므로 루트 내비게이션을 배치한다.

①, ②와 마찬가지로, ③은 컬렉션 뷰와 싱글 뷰를 각각 별개의 화면에, ④는 하나의 화면을 팬으로 구분해 동시에 표시하는 패턴이다.

루트 내비게이션에서 오브젝트를 선택하면 해당 컬렉션 뷰를 호출하는 형태로 만든다.

메인 오브젝트끼리의 참조 관계를 바탕으로 배치 패턴 적용

메인 오브젝트끼리의 참조 관계를 바탕으로 배치 패턴을 적용해 보자.

학교 명단 애플리케이션 예에서는 메인 오브젝트가 여러 개이므로 패턴 ③을 선택해 보겠다. 그러면 다음 그림과 같은 레이아웃이 된다.

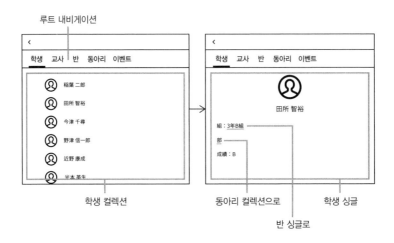

그림 3-5-7 학생 오브젝트의 컬렉션 뷰와 싱글 뷰

이는 학생 오브젝트의 컬렉션 뷰와 싱글 뷰다. 화면 상단에는 루트 내비게이션 항목이 나열돼 있다.

학생 오브젝트의 싱글 뷰에서는 뷰와 내비게이션의 검토 결과(그림 3-4-7 참조)에 따라 '반'이나 '동아리'를 호출하기 위한 링크를 배치한다.

교사, 반, 동아리, 이벤트의 각 오브젝트에 대해서도 같은 방식으로 레이아웃 패턴을 적용해 디자인하기 바란다.

뷰 배치 패턴 적용 포인트

패턴 ① 또는 ③은 스마트폰과 같이 화면 면적이 좁은 경우에 적합하다. 또한 화면 면적이 넓은 PC에서도 메인 오브젝트끼리 상호 참조해 내비게이션이 루프를 만들 경우에도 효과적이다.

예:

- 학생으로부터 관련 학생을 참조하는 경우(한 개의 메인 오브젝트에서의 루프)
- 학생으로부터 동아리, 동아리에서 학생을 참조하는 경우(여러 개의 메인 오브젝트에서의 루프)

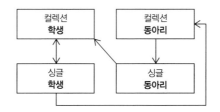

그림 3-5-8 학생에서 동아리, 동아리에서 학생을 참조

이런 경우에는 패턴 ① 또는 ③을 사용해 보라.

패턴 ②나 ④는 오브젝트를 가로지르는 호출이 없을 때 사용하는 것이 좋다.

화면을 3팬 이상으로 구분해 여러 개의 메인 오브젝트를 동시에 표시할 수도 있다. 단, 단순 계산으로 메인 오브젝트 하나당 컬렉션과 싱글 뷰, 2개가 필요하다. 따라서 2개의 메인 오브젝트를 다룰 경우에는 4개의 팬이 필요하다. 실제로는 싱글 뷰의 생략이나 컬렉션 뷰와의 일체화를 통해 필요한 팬 수가 바뀌지만, 메인 오브젝트 수나 호출 관계가 엉망이 되지 않도록 조심해야 한다.

그런 의미에서 PC의 넓은 화면 면적을 여러 개의 팬으로 나누는 '싱글 윈도우'식 레이아웃보다 스마트폰의 좁은 화면 안에서 한번에 1개의 컬렉션 뷰 또는 싱글 뷰만을 보여주며 차례차례 화면을 전환하는 방식이 오브젝트 호출 관계를 만들 때에는 훨씬 더 유연하다.

컬렉션 뷰의 표시 형식 패턴

뷰 배치 패턴은 컬렉션 뷰와 싱글 뷰의 조합 방법을 보여주며, 컬렉션 뷰와 싱글 뷰 모두 각자의 내용 표시 형식의 패턴이 있다.

먼저 컬렉션 뷰의 표시 형식을 살펴보자.

컬렉션 뷰의 표시 형식은 애플리케이션의 유효성을 높이는 데 매우 중요한 역할을 한다. 예를 들어 스케줄 관리 앱이 캘린더 표시 형식이 아니면 무용지물일 것이다. 자동차 내비게이션이 지도 표시 형식이 아니면 쓸모가 없을 것이다. 오브젝트를 리스트로 표시하는 컬렉션 뷰의 표현은 애플리케이션의 성질을 그대로 대변한다.

다음으로 컬렉션 뷰의 5가지 패턴을 소개하겠다. 각 패턴의 구조와 특징을 생각하면서 컬렉션의 표시 형식을 정해보자.

1항목 1줄의 1차원 리스트

단순한 1항목 1줄 리스트 형식이 정통적인 표현이다. 많은 항목을 쭉 훑어보기에 적합하다.

고객 이름				
이름	ID	나이	주소	전화번호
土肥 良一	37954	33	沖縄県 名護市	XXX-8895-8360
宮島 陽奈	99585	31	宮崎県 延岡市	XXX-8444-3848
中塚 博信	93876	28	宮城県 遠田郡桶谷町	XXX-6129-7740
長尾 正和	50386	21	栃木県 佐野市	XXX-8827-9100
多田 義一	15598	22	高知県 高岡郡佐川町	XXX-1807-4999
福岡 美希	29438	26	福島県 大沼郡会津美里町	XXX-4153-4558
川辺 伸生	17910	47	静岡県 静岡市駿河区	XXX-4094-4521
高沢 瑠菜	55507	49	山梨県 中巨摩郡昭和町	XXX-5570-2845
小松 千佐子	37294	35	石川県 金沢市	XXX-6570-6697

그림 3-5-9 1항목 1줄의 1차원 리스트

1항목 여러 행의 1차원 리스트

항목 하나 안에 여러 줄의 정보를 표시하는 패턴이다. 리스트에 어느 정도 정보
를 표시하는 데 사용한다.

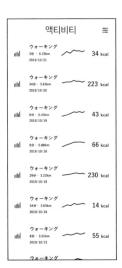

그림 3-5-10 1항목 여러 줄의 1차원 리스트

1항목 여러 줄의 1차원 리스트(높이 가변)

한 항목이 여러 줄이면서 높이가 변하는 타입이다. SNS등에 자주 사용되는 표현
이다.

그림 3-5-11 1항목 여러 줄의 1차원 리스트(높이 가변)

썸네일 그리드

썸네일이나 그래픽 등 이미지를 강조하는 타입이다.

그림 3-5-12 썸네일 클립

매핑

캘린더나 지도 등, 날짜나 위치 정보를 바탕으로 항목을 2차원 위에 매핑하는 타입이다.

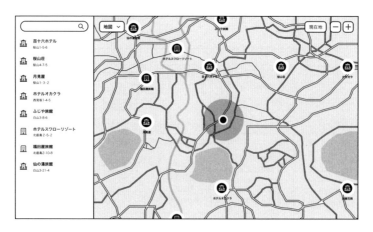

그림 3-5-13 매핑

오브젝트로의 포커스 및 컬렉션 뷰

컬렉션 뷰의 표현 형식은 오브젝트에 포커스하는 시점 차이를 반영하고 있다.

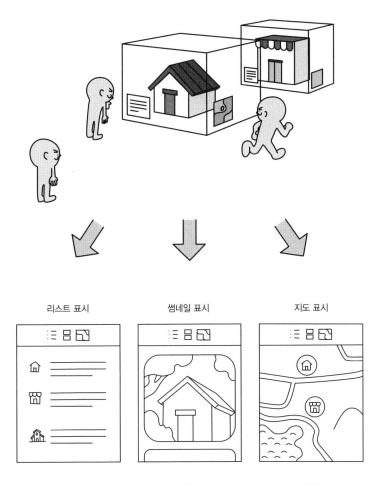

그림 3-5-14 컬렉션 뷰의 표시 형식은 오브젝트로의 시점을 반영한다.

같은 오브젝트라도 포커스를 문자 정보에 맞춘 것이 리스트 표시, 외관에 맞춘 것이 썸네일 표시, 위치 정보에 맞춘 것이 지도 표시다.

표시 형식을 검토할 때에는 상정된 태스크를 고려해 사용자가 오브젝트의 어느 부분에 포커스를 맞추는가를 바탕으로 판단한다.

같은 오브젝트에 대해 서로 다른 시점이 필요한 경우에는 컬렉션 뷰의 표시 형식을 바꿀 수 있도록 한다.

컬렉션의 성질이나 용도에 맞춰 표시 형식 결정

이제 컬렉션의 성질에 맞게 표시 형식을 패턴에서 선택하고 적용해 보자. 여기서는 동아리 오브젝트와 이벤트 오브젝트의 컬렉션 뷰를 예로 든다.

동아리의 컬렉션을 썸네일 그리드로, 이벤트의 컬렉션을 매핑으로 표현해봤다.

그림 3-5-15 썸네일 그리드

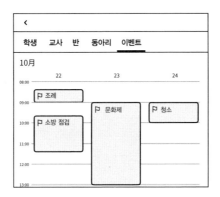

그림 3-5-16 매핑

동아리의 컬렉션을 썸네일 그리드로 해 각 동아리의 이미지를 전달하기 쉬워진다. 동아리 수는 한정적이고, 자주 증감하지도 않기 때문에 썸네일 그리드로 각 항목을 명확하게 보여주는 것이 타당하다. 개수가 많고 이미지가 중요하지 않은 오브젝트라면 표준적인 1차원 리스트가 적합할 것이다.

이벤트는 날짜 시점으로 확인할 수 있도록 캘린더로 표시했다. 캘린더로 표시해 이벤트가 없는 시간대도 명확해졌다.

한편, 이벤트와 이벤트 사이가 비어 있으면 캘린더에는 이벤트가 거의 표시되지 않는다. 따라서 전체 이벤트를 파악할 때는 표준적인 1차원 리스트가 적합하다.

컬렉션의 필터링 패턴

UI를 객체지향으로 만들기 위해서는 오브젝트의 컬렉션 뷰를 조작 플로우 중 최대한 앞 단계에서 표시한다. 하지만 어떤 오브젝트의 전체 항목을 한꺼번에 표시하면 개수가 너무 많아 원하는 항목을 찾기 어려워질 수 있다.

이럴 경우에는 필터링 기능을 컬렉션 뷰에 짜 넣으면 태스크에 준한 조건으로 바로 표시를 좁힐 수 있다.

컬렉션을 어떤 조건으로 좁힐지가 필터링의 역할인데, 기능적인 표현에는 몇 가지 패턴이 있다. 오브젝트의 성질이나 사용자의 태스크에 따라 적절한 필터링 패턴을 고른다. 대표적인 패턴은 다음과 같다.

키워드 검색

컬렉션 뷰에 자유 입력의 검색 기능을 갖춘 것이다. 하나의 검색 키워드로 오브젝트 리스트를 좁힌다. 흔히 볼 수 있는 타입 아닌가?

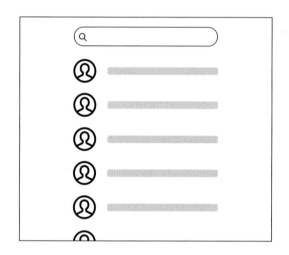

그림 3-5-17 키워드 검색

그룹

어떤 조건에 부합하는 항목을 그룹화해서 선택식으로 표시를 전환하는 패턴이다.

오브젝트가 가진 프로퍼티 값으로 그룹핑한다. 예를 들어 소속 그룹, 결합돼 있는 태그, 수치 범위 등으로 그룹핑한다.

전체를 표시하는 그룹 '전체보기' 준비를 잊지 말자.

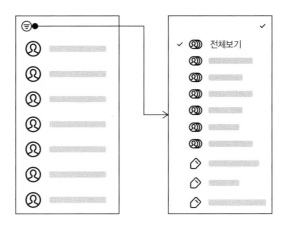

그림 3-5-18 그룹

AND 조건

선택식에 조건을 추가해 좁혀가는 타입이다.

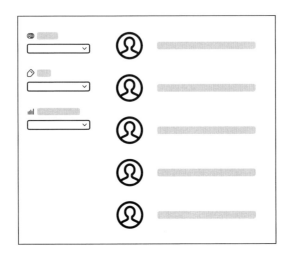

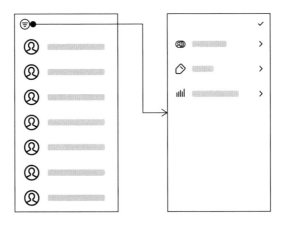

그림 3-5-19 AND 조건

쿼리 빌더

검색 조건을 조합해가는 타입이다.

검색 조건에 AND나 OR을 선택하는 타입, AND나 OR를 결합하는 타입, 네스트된 조건을 처리하는 타입도 있다.

하지만 이렇게 복잡한 것은 모바일에서는 잘 쓰이지 않는다.

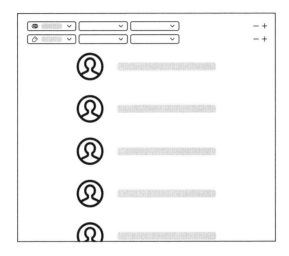

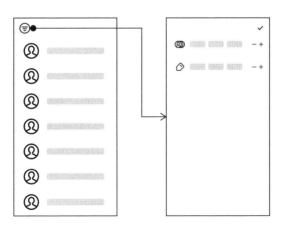

그림 3-5-20 쿼리 빌더

소트

소트[sort]도 기본적인 패턴이다.

한 프로퍼티 값을 기준으로 정렬하는 소트는 리스트 안에서 원하는 항목을 찾기
쉽게 하는 데 유용하다. 소트를 사용하면 현재 태스크에서 우선도가 높은 아이템
을 상위에 표시할 수 있다.

그림 3-5-21 소트

싱글 뷰의 표시 형식 패턴

싱글 뷰의 표시 형식도 알아보자.

지금까지 설명한 내용 중 싱글 뷰에서 다른 오브젝트를 호출하는 경우는 그저 링크를 배치하는 것이었는데, 호출을 받는 쪽이 컬렉션 뷰일 때는 몇 가지 패턴을 생각할 수 있다.

지금부터 소개할 싱글 뷰의 3가지 패턴을 참고하기 바란다. 각 패턴의 구조와 특징을 생각하면서 싱글 뷰의 표시 형식을 정해보자.

다른 오브젝트의 컬렉션 일부를 표시

싱글 뷰와 여기서 호출하는 오브젝트의 컬렉션 일부를 일체화해 표시하는 패턴이다.

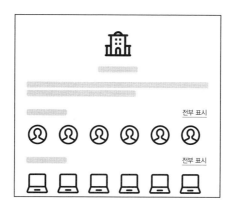

그림 3-5-22 다른 오브젝트의 컬렉션 일부를 표시한다.

표시하는 것은 컬렉션 항목의 일부다.

원래 링크처에서 표시하는 오브젝트의 컬렉션 중에서 사용자에게 중요하다 생각되는 몇 가지를 선출한다.

어디까지나 일부 아이템을 표시하는 것이므로 레이아웃 면적도 제한돼 다른 정보도 함께 보여주기 쉬울 것이다.

다른 오브젝트의 컬렉션을 강조

일체화하는 컬렉션을 강조해 표시하는 패턴이다.

좌우

상하

분류

그림 3-5-23 다른 오브젝트의 컬렉션을 강조한다.

앞의 예와는 달리, 관련한 오브젝트의 일부 아이템이 아니라 모든 아이템을 표시한다. 그 결과 해당 오브젝트를 강조한다.

반면 아이템 수가 많아지면 필요한 레이아웃 면적이 커진다. 다른 정보와 공존하기 위해서는 컬렉션을 어느 정도 나눠서 배치해야 한다.

배치하는 베리에이션은 상하, 좌우, 분류 등이 있다. 상하, 좌우로 나열할 경우는 호출하는 컬렉션이 한 가지일 때 적합하다. 호출하는 컬렉션이 여러 개인 경우는 분류해서 전환하는 것이 좋다.

단, 초기 상태에서 선택돼 있는 컬렉션 이외는 강조되지 않으므로 다른 컬렉션 일부를 표시하는 레이아웃 패턴과 함께 검토하기 바란다.

다른 오브젝트의 컬렉션만 표시

일체화하는 컬렉션을 한층 더 강조하면 다음과 같다.

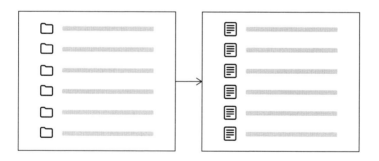

그림 3-5-24 다른 오브젝트의 컬렉션만을 표시한다.

폴더와 파일처럼 다른 오브젝트의 컬렉션이 안에 들어있는 것 같은 표현이다.

폴더를 열면 논리적으로는 해당 폴더의 싱글 뷰를 호출한 상태지만, 실제로 표시하는 것은 폴더 자체에 관한 상세 정보가 아닌 해당 폴더에 관련된 파일의 리스트, 즉 강조된 관련 오브젝트의 컬렉션이라는 형태다.

2장에서 예로 들었던 이메일 클라이언트의 '메일 박스'가 이에 해당하며, 메일 박스의 싱글 뷰를 생략하고 메시지의 컬렉션 뷰를 직접 호출하고 있다.

싱글 뷰의 표시 내용

싱글 뷰에는 무엇을 표시해야 할지 잠시 생각해 보자.

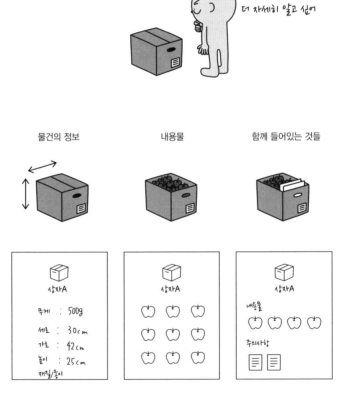

그림 3-5-25 상세 정보를 파악하는 방법은 다양하다.

싱글 뷰에는 보통 어떤 오브젝트에 관한 상세 정보를 표시한다. 하지만 상세 정보를 파악하는 방법은 애플리케이션의 기능성, 사용자의 멘탈 모델, 조작 컨텍스트 등에 따라 달라진다.

예를 들어 상자 자체의 사이즈가 아니라 상자 안에 든 것을 상세로 보거나 음반 그 자체의 정보가 아닌 수록곡을 상세로 잡기도 한다. 이러한 경우는 '열어서 안에 든 것을 보고 있다'는 이미지가 된다.

상세 정보를 적절하게 표현하기 위해서는 어떤 오브젝트에 관련된 여러 가지 정보를 필요에 따른 정도로 모아 싱글 뷰의 성질이나 용도에 맞춰 표시 형식을 결정한다.

싱글 뷰의 성질이나 용도에 맞춰 표시 형식 결정

학생 오브젝트의 싱글 뷰, 성질에 맞춰 표시 형식을 선택해 적용해보자.

그림 3-5-26 학생 오브젝트의 싱글 뷰. 동아리의 컬렉션 뷰를 일체화 했다.

이 예에서는 학생의 싱글 뷰 안에 동아리의 컬렉션 뷰를 포함한다. 뷰와 화면의 관련은 다음 그림과 같다.

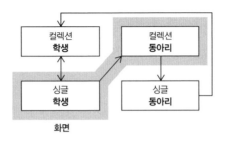

그림 3-5-27 뷰와 화면의 관계

소속된 동아리 수가 많은 경우는 '다른 오브젝트의 컬렉션 일부를 표시' 패턴을 이용해 다른 화면에 전체 리스트를 표시한다.

이런 식으로 다른 오브젝트의 싱글 뷰에 대해서도 표시 형식을 검토하기 바란다.

액션의 성질이나 용도에 맞춰 표시 형식 결정

다음은 액션의 표현이다. 액션의 성질이나 용도에 맞춰 배치를 정해보자.

기본은 액션을 실행하기 위한 버튼 또는 그에 준하는 컨트롤을 액션의 대상이 되는 오브젝트 근처에 배치하는 것이다.

예를 들어 오브젝트 리스트에 새로운 오브젝트를 추가할 경우에는 해당 오브젝트의 컬렉션 뷰에서 리스트 표시 옆에 '신규 작성' 버튼을 배치한다. 현재 보고 있는 오브젝트의 상세 정보를 인쇄하는 액션이라면 해당 오브젝트의 싱글 뷰에 '인쇄' 버튼을 배치한다. 특정 프로퍼티에 대한 액션 버튼은 해당 프로퍼티의 옆에 놓는다.

어느 쪽이든 대상인 오브젝트 근처에 해당 오브젝트에 대해 실행 가능한 일련의 액션 버튼을 일관된 표현으로 늘어놓는다.

다음 그림은 학생 오브젝트의 컬렉션 뷰와 싱글 뷰에 필요한 액션을 배치하는 예다.

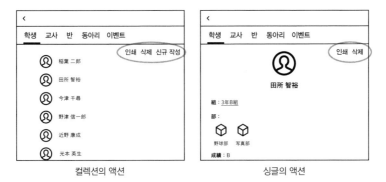

그림 3-5-28 액션의 배치

많은 애플리케이션, 특히 업무용 정보 시스템에서는 오브젝트의 CRUD 조작이 해당 애플리케이션의 주요한 액션이 된다. CRUD란 Create(생성), Read(열람), Update(업데이트), Delete(삭제)의 첫 글자로, 정보를 데이터베이스화해서 다룰 때의 기본적인 조작을 나타낸다.

CRUD 중 Read(열람)에는 지금까지 봐왔던 컬렉션 뷰와 싱글 뷰의 호출 관계로서 표현된다. 지금부터는 나머지 Create(생성), Read(열람), Update(업데이트), Delete(삭제)의 표현 패턴을 살펴보자.

Create(생성) 액션 패턴

오브젝트를 새로 작성할 때의 패턴이다.

블랭크 패턴

블랭크 패턴에서는 신규 작성 액션을 실행하면 곧바로 내용이 비어 있는 아이템이 생성된다.

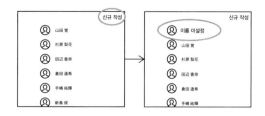

그림 3-5-29 블랭크 패턴

파라미터 패턴

신규 작성 액션을 실행하면 모달 입력란이 나타나 필요한 파라미터 입력을 촉구한다.

그림 3-5-30 파라미터 패턴

플레이스홀더 패턴

리스트 맨 아래 줄이 항상 신규 작성용 플레이스홀더다. 신규 작성 액션 없이 직접 플레이스홀더에 입력할 수 있다.

그림 3-5-31 플레이스홀더 패턴

세이브 애즈 패턴

기존 아이템을 복제해 신규 아이템을 만든다. 이른바 다른 이름으로 저장이다.

그림 3-5-32 세이브 애즈(Save as) 패턴

템플릿 패턴

신규 작성 액션을 실행하면 미리 준비돼 있는 템플릿을 선택하게 한다. 선택하면 이를 바탕으로 신규 아이템을 만든다.

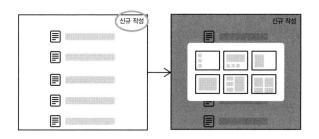

그림 3-5-33 템플릿 패턴

마스터 패턴

미리 준비해 둔 마스터(형)를 선택해 인스턴스(실제 보기)를 만든다. 인스턴스는 마스터와 결합돼 있어 나중에 마스터를 변경하면 인스턴스에도 반영된다.

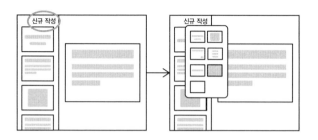

그림 3-5-34 마스터 패턴

원타임 모드 패턴

도형을 만드는 등 신규 작성 액션을 실행하면 원타임 모드로 들어가 캔버스 위에서 드래그(또는 클릭)로 아이템을 만든다.

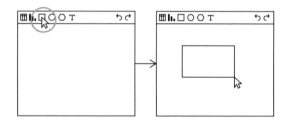

그림 3-5-35 원타임 모드 패턴

거츠 패턴

템플릿의 일종이지만 도형 생성 시 등에 원타임 모드에 들어가지 않고 바로 디폴트 스타일로 아이템을 만든다. 조작을 모달리스로 하기 위해 멋진 기량(거츠)[1]을 보이는 방법이다.

---

1   영어 guts의 일본어 표현으로, 근성이나 기량, 배짱 등을 뜻한다. – 옮긴이

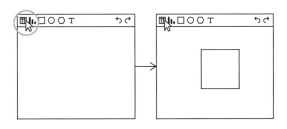

그림 3-5-36 거츠 패턴

Delete(삭제) 액션의 패턴

오브젝트를 삭제할 때의 패턴이다.

모달 컨펌 패턴

삭제 액션을 실행하면 개별 메시지가 나타나 확인을 요청한다.

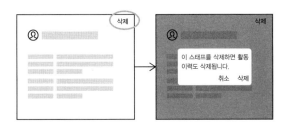

그림 3-5-37 모달 컨펌(Modal Confirm) 패턴

언두어블 패턴

삭제는 즉시 실행되지만, 언두Undo로 삭제를 취소할 수 있다. 또한 '휴지통으로 이동'과 같은 다른 분류로 이동하는 표현도 있다.

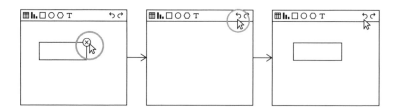

그림 3-5-38 언두어블(Undoable) 패턴

모달리스 컨펌 패턴

삭제 버튼을 누르거나 하면 의사 확인을 위한 컨트롤이 모달리스로 표시된다. 명시적인 취소 조작을 하지 않아도 다른 조작을 실행하면 삭제 조작이 취소된다.

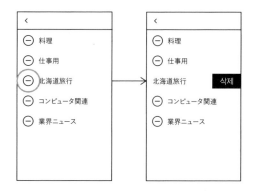

그림 3-5-39 모달리스 컨펌(Modeless Confirm) 패턴

Update(업데이트) 액션의 패턴

오브젝트를 편집하고 업데이트할 때의 패턴이다.

모달 에디트 패턴

참조 모드와 편집 모드를 준비해 편집 액션이 실행되면 모달로 편집 화면을 연다. 입력 후 '저장' 액션을 실행하면 편집 내용이 저장된다.

그림 3-5-40 모달 에디트(Modal Edit) 패턴

모달리스 에디트 패턴

항상 편집 가능하고 변경 내용은 자동으로 저장된다.

그림 3-5-41 모달리스 에디트(Modeless Edit) 패턴

비주얼 디자인

기본 흐름은 이것으로 끝이다. 지금까지의 설명에 따라 오브젝트를 추출하고, 뷰와 내비게이션을 고려하고, 레이아웃 패턴을 참고해 화면을 만들어 보자.

학교 명부 애플리케이션 객체지향 UI로 디자인하고 비주얼 디자인까지 하면 아래와 같다(학생의 컬렉션 및 싱글).

그림 3-5-42 비주얼 디자인 예

UI 그래픽의 비주얼 표현에 관해서는 이미 많은 서적이나 온라인 컨텐츠에서 설명하고 있으므로 이 책에서는 다루지 않겠다.

비주얼 표현은 해마다 트렌드가 바뀌고 새로운 패턴이 계속 나타난다. 또한 플랫폼마다의 표준 또는 애플리케이션 제공자의 디자인 시스템에 따라 적절한 배색이나 형상을 정하는 경우도 많을 것이다. 디자이너에게는 이러한 것을 고려하면서 보기 쉽고 알기 쉬운 시각 표현을 추구하기를 당부 드린다.

3-6 태스크를 어떻게 다룰까

지금까지 설명한 내용으로 객체지향 UI의 기본형은 디자인할 수 있을 것이다. 한편, 지금까지 UI를 태스크지향으로 생각해 왔던 사람은 객체지향 UI에서 '태스크'를 어떻게 다루는지 의문스러울지도 모르겠다.

마지막으로 설명할 설계 스텝은 태스크를 다루는 방법이다.

태스크의 특징

태스크란 '하는 일'이다. 유스케이스^{use case}, 사용자 목표, 사용자 요구 등 업계나 정도에 따라 달리 불리기도 한다. 어느 쪽이든 여기서는 '하는 일'이라면 '태스크'로 잡겠다.

태스크와 친숙해지기 위해서는 먼저 태스크가 무엇인지를 알아야 한다. 태스크에는 어떤 특징이 있을까?

세분화 정도가 여러 가지

태스크의 세분화 정도는 여러 가지라 엄밀하게 경계를 정의할 수 없다는 특징이 있다. 예를 들어 다음 그림에서 하려는 것을 정의하고자 해도 어느 정도로 세세하게 나눌지에 따라 천차만별이다. 페트병 뚜껑을 열어 입에 대고 기울인다, 물을 마신다, 갈증을 해소한다, 산다 등이다.

그림 3-6-1 세분 정도가 여러가지

사용자의 태스크를 특정하려 해도 목적을 어느 정도로 세분화할지에 따라 답이 달라진다. 더 상위의 목적으로 거슬러 올라가 생각하는 것도 방법이지만, 추상도가 높아질수록 설계의 단서를 얻기 어려워진다.

증가

태스크는 증가한다.

어떤 앱의 처음 아이디어가 '블로그 초안'이더라도 '메모'라고 하는 오브젝트를 정의하는 방식에 따라 다른 일에도 사용할 가능성이 생긴다.

그림 3-6-2 증가한다.

이 가능성에 따라 처음 아이디어를 냈을 때 상정하지 않은 사용법을 사용자가 생각해 내기도 한다. 이럴 경우 사전에 정의한 것 이상으로 태스크가 점점 증가한다.

변화

태스크는 변화한다.

사용자는 태스크에 맞게 애플리케이션을 고르지만, 애플리케이션의 특징에 맞게 태스크를 바꾸는 경우도 있다.

작으니까 먼저 분류해서 써야겠군.

크니까 먼저 쓰고 분류해야지.

그림 3-6-3 변화한다.

예를 들어 작은 화면의 메모 애플리케이션이라면 먼저 토픽을 정한 다음 적겠지만 큰 화면의 경우는 일단 이것저것 적은 다음 내용을 정리할 것이다.

끝내지 않으면 모른다
태스크는 끝내지 않으면 엄밀하게 정의할 수 없다.

사용자는 모든 행동을 사전에 생각하는 것이 아니라 행동하면서 생각하기도 하고, 생각하기 위해 행동하기도 한다. 예를 들어 블로그용으로 쓰기 시작한 메모를 마음이 바뀌 SNS에 올릴 수도 있다. 즉 태스크는 엄밀하게는 사용자가 끝냈을 때 과거형으로만 계획할 수 있다.

그림 3-6-4 끝내지 않으면 모른다.

그럼 한 번 정의하면 다음에도 또 같은 일이 벌어질까? 그리 단순하지만은 않을 것이다. 다음 번에는 블로그에 글을 쓸까? SNS에 올릴까? 그것도 다시 끝나봐야 알 수 있다.

태스크를 다루는 방법

이처럼 태스크는 계속 늘어나기 쉽고 나중에 변하기 쉽다. 그렇기에 먼저 태스크를 정의하고 이를 근거로 UI를 디자인하려면 필요 이상으로 복잡해진다. 따라서 소프트웨어 디자인에서는 이러한 인식을 가지고 태스크를 다뤄야 한다.

그럼 태스크는 생각하지 않는 편이 낫나 싶지만 꼭 그렇지도 않다. 태스크가 전혀 상정돼 있지 않으면 애초에 애플리케이션을 기획할 일도 없을 뿐더러 만든 애플리케이션이 도움이 되는지 검토할 수도 없다.

그러면 객체지향으로 UI를 설계할 때 상정했던 태스크는 UI의 어디에 위치할까?

태스크는 어디로 가야할까?

이런 질문이 이상하다고 느끼는 사람도 있겠지만, 지금까지 태스크를 단서로 UI 디자인을 해 왔던 사람에게는 오브젝트를 단서로 UI를 생각할 때 자연스레 떠오르는 의문이다.

객체지향으로 구성한 애플리케이션에서 태스크라는 단위는 오브젝트와 액션으로 분해되고 액션은 오브젝트에 결합된다.

즉, 단순화하면 태스크는 오브젝트와 액션의 조합이 된다. 하지만 실제로는 그뿐만 아니라 '즐겨찾기에 저장'에서 '즐겨찾기'라고 하는 구체적인 디자인 패턴을 전제로 한 태스크를 정의하기도 한다. 즉, 태스크가 형태를 시사할 뿐만 아니라 형태 또한 태스크를 시사한다는 것이다.

또한 '여러 번 같은 작업을 한다'는 태스크를 정의할 수 있다. 이러한 경우에는 태스크가 형태를 강하게 시사하지 않기 때문에 태스크에서라기보다는 적절한 디자인 패턴과 태스크를 대조하면서 디자인을 진행해 나갈 것이다.

복잡한 디자인 판단에 있어서 태스크만 신경 쓰느라 이를 잘못 다루면 객체지향 구조는 쉽게 망가지고 만다.

태스크가 어떤 형태로 반영되는가 또는 특정 형태는 어떤 태스크와 관련 있는가를 생각해 태스크를 객체지향 UI의 디자인 안에 어떻게 활용해야 하는지 이해할 수 있을 것이다.

콘텐츠에 반영

먼저 콘텐츠다. 객체지향으로 디자인한 애플리케이션에서는 태스크를 분해해 오브젝트와 액션으로 변환한다. 하지만 태스크에 따라 직접 콘텐츠에 반영하기도 한다. 예를 들어 다음과 같은 경우다.

- 헬프 콘텐츠: 조작 순서 등이나 트러블 슈팅 등을 적어 놓은 헬프 콘텐츠에서는 대부분 사용자 태스크에 맞춰 정보가 정리돼 있다.

- 프로모션 콘텐츠: 해당 제품이 어디에 도움이 되는지를 단적으로 나타내기 위해서 프로모션용 콘텐츠는 사용자의 태스크에 따른 솔루션이나 활용 예 등을 소개한다.

- 가이드 콘텐츠: 애플리케이션 일부의 기능을 자세하게 설명하는 가이드 콘텐츠에서는 해당 기능이 전제하고 있는 사용자 태스크를 보여준다.

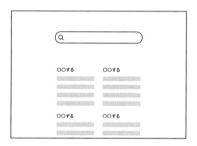

그림 3-6-5 헬프 콘텐츠

그림 3-6-6 프로모션 콘텐츠

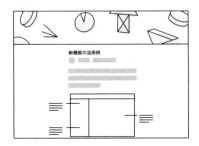

그림 3-6-7 가이드 콘텐츠

태스크는 얼마든지 세분화할 수 있으므로 콘텐츠로 모든 이용 시나리오를 망라할 수 없다. 따라서 콘텐츠는 어 디까지나 대표적인 태스크를 한정적으로 설명하게 된다.

표시 형식에 반영

태스크를 표시 형식의 베리에이션으로 반영한다.

표시 형식

 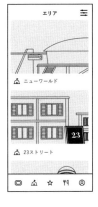 

그림 3-6-8 시설 이름 **그림 3-6-9** 외관 **그림 3-6-10** 위치

예를 들어 특정 프로퍼티에 포커스를 맞춘 무언가를 하는 태스크를 상정하는 경우는 해당 프로퍼티를 강조하는 표시 형식을 따로 준비해 두면 해당 태스크를 수행하기 쉬워진다.

액션에 반영

태스크를 액션의 베리에이션으로 반영한다.

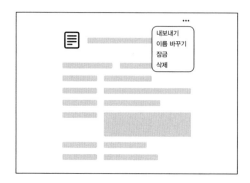

그림 3-6-11 액션

새로운 태스크를 검토할 때도 거기서 추출했던 오브젝트가 이미 있는 경우는 액션의 베리에이션으로 취급하자.

초기치에 반영

각종 프로퍼티의 초기치에도 태스크를 반영할 수 있다. 좋은 초기치는 사용자의 작업 효율을 크게 끌어올리기 때문에 충분히 검토하기 바란다.

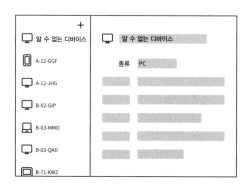

그림 3-6-12 초기치

초기치 이외에도 태스크에 비춰봐 유효한 값을 생각할 수 있는 경우는 선택지로서 준비하자.

템플릿에 반영

템플릿은 오브젝트의 Create⁽생성⁾ 시 활용하기 위한 초기치 세트다. 태스크별 템플릿을 준비해두면 사용자는 이를 선택함으로써 태스크의 작업 맥락을 얻을 수 있다.

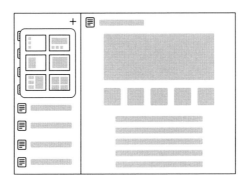

그림 3-6-13 템플릿

사용자의 전형적인 태스크를 특정할 수 있으면 이를 위한 템플릿을 디폴트로 설정한다. 또한 사용자가 스스로 템플릿을 작성할 수 있게 하면 개별 작업 맥락을 애플리케이션에 반영할 수 있게 된다.

필터링 그룹에 반영

필터링 그룹(그림 3-5-18 참조)은 미리 준비해 둔 필터링의 사전설정 조건에 따라 추려낸 그룹이다. 태스크를 의식한 필터링 그룹을 준비해 두면 특정 태스크를 쉽게 수행할 수 있다.

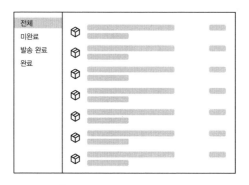

그림 3-6-14 필터링 그룹

가장 중요한 필터링 그룹이 있으면 초기 상태에서 선택해 둘 수도 있다. 그 외의 중요한 필터링 그룹은 선택지로서 준비하자. 예를 들어 '주문' 오브젝트를 일람하는 컬렉션 뷰에서 전부를 표시하는 '전체'와 '미완료' '발송 완료' '완료' 등, 상태별로 추려낼 수 있는 그룹을 준비하면 업무상 특정 맥락에 맞춰 태스크를 쉽게 수행할 수 있다.

4

워크아웃: 기초 편

4장과 5장에서는 지금까지 설명한 객체지향 UI의 설계 메소드를 직접 시험해 보는 '워크아웃(실전 연습)'에 도전한다.

워크아웃은 전부 18레벨이다. 이 장은 '기초 편'으로 워크아웃 1에서 9까지를 다룬다.

진행 방식

지금부터 시작하는 레벨 1~9 워크아웃에서는 제시된 태스크를 바탕으로 객체지향 UI를 디자인한다. 레벨 6~9는 연결돼 있어 하나의 애플리케이션을 단계적으로 디자인하도록 돼 있다.

각 워크아웃의 기준은 30분이다. 지금까지 설명한 것처럼 간단한 선으로 모델링하고 화면 디자인을 그려라. 상세한 그래픽까지 만들어보고 싶은 경우는 시간을 더 들여도 괜찮다.

다음의 기입 시트를 참고해 모델, 인터랙션, 프레젠테이션을 오가며 진행하기 바란다.

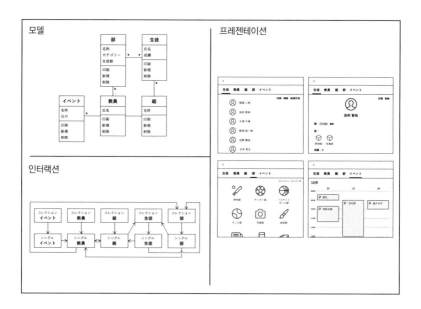

그림 4-1 기입 시트 예

사용하는 도구는 종이, 화이트 보드, 디지털 툴 등 익숙한 것이면 무엇이든 상관없다. 일반적으로 아날로그 툴이 아이디어를 더 빠르게 그릴 수 있지만 디지털 툴은 쉽게 복제할 수 있어서 반복할 때 속도가 올라간다.

각각의 워크아웃마다 아이디어를 낼 포인트가 있지만, 기본 흐름은 앞 장까지의 설명대로다. 먼저 태스크만을 보기 바란다. 태스크만으로는 단서가 적다고 생각되면 다음 페이지에 힌트가 있다.

디자인을 완성한 후에는 힌트나 도전을 참조하고, 고칠 필요가 있다 싶으면 다시 디자인하기 바란다. 그런 다음 해설을 확인하기 바란다.

레벨 1 메모 애플리케이션

다음의 태스크에서 메모 애플리케이션을 디자인해보자.

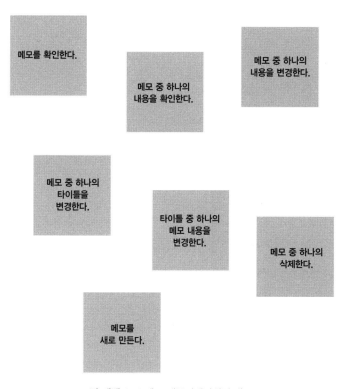

그림 레벨 1-1 메모 애플리케이션의 태스크

힌트

이 워크아웃의 목표는 단순한 메인 오브젝트로 오브젝트 추출에서 레이아웃 패턴 적용까지의 과정을 이해하는 것이다.

3장의 설계 스텝 설명에서는 학교에 관한 여러 개의 메인 오브젝트를 다뤘지만, 이 워크아웃은 그렇게 복잡하지 않다. 너무 깊이 생각하지 말고 오브젝트를 추출해 뷰와 내비게이션을 검토하고, 레이아웃 패턴을 적용해 보기 바란다.

모바일용과 PC용 모두를 디자인하라. PC용에는 단순한 메인 오브젝트에 적합한 레이아웃 패턴(그림 3-5-3, 그림 3-5-4 참조)이 있으니 참고하기 바란다.

도전

컬렉션 뷰의 표시 형식은 어떤 것이 좋을까?

메모 오브젝트를 나타내는 아이콘을 생각할 수도 있다. 컬렉션 뷰에 오브젝트를 나타내는 아이콘을 사용하면 조작 대상으로서의 오브젝트가 나열돼 있는 느낌이 든다.

메모에 타이틀은 필요한가? 아니면 본문의 첫 부분을 대용하는 방법이 스마트한가?

본문을 변경하는 액션이지만, 항상 편집할 수 있는 상태라면 싱글 뷰에 편집 버튼은 필요 없을지도 모른다.

완성하면 태스크를 하나씩 봐 가며 디자인한 UI에서 이를 수행할 수 있는지 확인해보자.

해설

오브젝트 추출

이 워크아웃에서는 가장 단순한 구조의 애플리케이션을 디자인한다.

태스크 안에서 메모, 타이틀, 내용 등의 명사를 추출해 메모를 중심으로 구조화
한다.

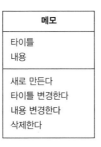

그림 레벨 1-2 오브젝트 추출

메인 오브젝트 '메모'에는 타이틀이나 내용과 같은 프로퍼티가 있으며, 액션으로
는 새로 만들기, 타이틀이나 내용 변경, 삭제가 있다. 이번 메인 오브젝트는 하나
뿐이므로 루트 내비게이션은 생략하자.

뷰와 내비게이션 검토

다음으로 메모의 컬렉션 뷰와 싱글 뷰를 준비해보자. 여기서는 컬렉션 뷰에서 싱
글 뷰를 호출하는 단순한 구조로 했다.

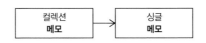

그림 레벨 1-3 뷰와 내비게이션 검토

레이아웃 패턴 적용

검토한 뷰와 내비게이션을 반영하면서 레이아웃 패턴을 적용해 화면을 디자인한다.

다음 그림은 PC용 샘플이다.

그림 레벨 1-4 레이아웃 패턴 적용(PC)

메인 오브젝트가 단 하나고 호출이 반복되지 않기 때문에 2팬의 레이아웃을 채용해 2개의 뷰를 1개의 화면에 배치하고 있다.

컬렉션 뷰는 1항목 안에 여러 줄의 정보를 표시하는 형식으로 하고 메모를 나타내는 아이콘을 배치했다. 타이틀과 본문 일부를 표시하고 있다.

메모라는 성질상, 타이틀과 본문으로 구조화해 텍스트를 작성하지 않는다고 가정하면 타이틀은 본문 첫 머리 부분을 대용하는 편이 나을지도 모른다. 또한 빠르게 메모하는 것이 중요하다 생각되면 항상 편집 가능 상태로 두는 게 좋다.

다음 그림은 모바일용 샘플이다.

모바일에서는 레이아웃 면적이 적기 때문에 컬렉션과 싱글 화면을 각각 준비했다.

그림 레벨 1-5 레이아웃 패턴 적용(모바일)

객체지향 UI를 제대로 디자인할 수 있었는가?

메모 애플리케이션처럼 사용자의 관심 대상인 메인 오브젝트가 하나인 경우에는 애플리케이션의 초기 화면으로 컬렉션 뷰를 사용자에게 보여준다. 그리고 하나를 고르면 싱글 뷰로 해당 오브젝트의 내용을 표시하게 한다.

싱글 뷰에서는 내용 편집을 할 수 있게 한다. 이 때 표현은 Update(업데이트) 액션 패턴(그림 3-5-40, 그림 3-5-41)을 참고하기 바란다.

컬렉션 뷰에서는 새로 만들거나 삭제할 수 있게 한다. Create(생성) 액션 패턴(그림 3-5-29~그림 3-5-36), Delete(삭제) 액션 패턴(그림 3-5-37~그림 3-5-39)을 참고하기 바란다.

여기서 했던 작업이 객체지향 UI의 가장 단순하면서도 기본인 작업이다. 이 기본을 되새기며 다음 워크아웃으로 넘어가자.

레벨 2 **사원 명단 애플리케이션**

다음 태스크에서 사원 명단 애플리케이션을 디자인하기 바란다.

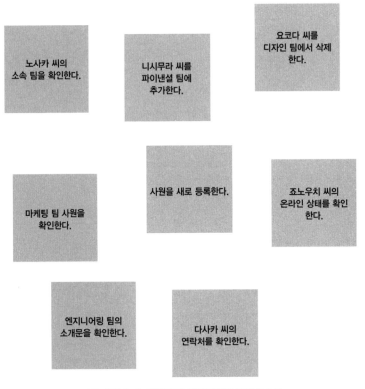

그림 레벨 2-1 사원 명단 애플리케이션의 태스크

164

힌트

이 워크아웃의 목표는 여러 개의 메인 오브젝트를 다루면서 내비게이션이나 루프에 적합한 레이아웃 패턴을 이해하는 것이다.

여러 개의 메인 오브젝트를 추출해 각각의 뷰 호출 관계를 정리해보자.

하나의 트리 구조가 아닌 사용자의 사고 기점이 되는 메인 오브젝트를 루트 내비게이션에 배치하자.

호출 관계에 반복이 있는지 주의하기 바란다. 반복이 있는 경우는 그에 맞는 레이아웃 패턴을 선택해보자.

도전

사원이나 팀의 컬렉션 뷰에 표시하는 것은 어떤 프로퍼티가 좋을까? 또한 각각의 컬렉션 뷰나 싱글 뷰의 표시 형식은 어떤 것이 좋을까?

루트 내비게이션에서 표시하는 사원의 컬렉션 뷰와 팀의 싱글 뷰에서 호출하는 사원의 컬렉션 뷰는 각각 어떻게 표현하면 좋을까?

완성하면 하나씩 태스크를 할 수 있는지 확인하기 바란다.

해설

오브젝트 추출

이 워크아웃에서는 메인 오브젝트가 여러 개 있다. 추출한 명사 중에서 사원과 팀이라는 메인 오브젝트를 정의했다(사원 외에 사외 멤버도 있다고 가정하면 그에 맞는 모델을 만들 수도 있다. 여기서는 일단 간단하게 잡아본다).

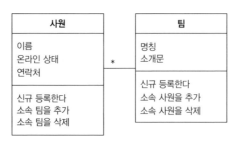

그림 레벨 2-2 오브젝트 추출

사원에는 이름, 온라인 상태, 연락처라는 프로퍼티가 있으며, 팀에는 명칭이나 소개문이라는 프로퍼티가 있다. 각각에 신규 등록 액션이 있다. 또한 사원과 팀의 결합에 관한 액션을 각각 준비했다.

뷰와 내비게이션 검토

다음은 뷰와 내비게이션을 생각한다. 먼저 각각에 컬렉션 뷰와 싱글 뷰를 준비해 호출 관계를 정리해보자.

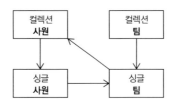

그림 레벨 2-3 뷰와 내비게이션 검토

이번에는 사원이 팀 하나에만 소속한다고 가정하고 있다. 여러 팀에 소속된 경우는 사원의 싱글 뷰에서 팀의 컬렉션 뷰를 참조하도록 한다.

메인 오브젝트끼리 루프하기 때문에 그에 적합한 레이아웃을 선택하자.

루트 내비게이션 항목에는 팀과 사원 2개를 그대로 채택해보자.

팀 안에 사원이 소속돼 있는 계층구조로 만들 수도 있지만, 소속 팀을 모르는 사원을 찾는 경우도 있다. 사용자가 직접 사원을 기점으로 찾는 경우도 가정하고 양쪽을 루트 내비게이션에 배치해보자.

레이아웃 패턴 적용

다음 그림은 PC용 샘플이다.

사원의 컬렉션 뷰에는 여러 줄의 1차원 리스트로 상태도 표시해보자. 정보는 아직 적어 레이아웃 면적에 여유가 있다. 하지만 메인 오브젝트의 호출이 반복되기 때문에 컬렉션 뷰와 싱글 뷰를 동시에 표시하는 2팬 레이아웃은 채택하지 않는다.

사원의 컬렉션 뷰

사원의 싱글 뷰

그림 레벨 2-4 PC

다음 그림은 팀의 싱글 뷰로, 팀 자체의 상세 정보가 적고 팀은 사원 모임이라는 측면이 강하기 때문에 사원 컬렉션 뷰를 일체화하는 레이아웃을 선택하고 있다.

팀의 컬렉션 뷰

팀의 싱글 뷰

그림 레벨 2-4 PC

다음 그림은 모바일용 샘플이다.

워크아웃에 명시했던 단순한 태스크라도 컬렉션 뷰의 레이아웃 면적에 여유가 별로 없다. 프로퍼티가 늘어나는 경우, 컬렉션 뷰는 심플하게 유지해 일관성을 확보할지(그림 3-5-9 참조), 의도적으로 일관성을 낮춰 높이 가변의 1차원 리스트 표현을 선택해(그림 3-5-11 참조) 1아이템 정보를 늘릴지를 검토해 보기 바란다.

사원의 컬렉션 뷰

사원의 싱글 뷰

그림 레벨 2-6 모바일

다음 그림처럼 팀 수는 적다고 가정해 팀의 컬렉션 뷰에는 썸네일의 그리드 표시(그림 3-5-15 참조)를 채용했다. PC에서는 레이아웃 면적에 여유가 있지만 모바일은 별로 없다. 팀 수가 많다면 어떤 표현 형식이 적합할까?

또한 여기서는 사원 리스트와 팀 내의 사원 리스트는 둘 다 똑같이 표현돼 있다. 이후 팀의 상세 정보가 늘면 간략한 표시를 검토할 수도 있을 것이다.

팀의 컬렉션 뷰   팀의 싱글 뷰

그림 레벨 2-7 모바일

레벨 3 **이벤트 점포 관리 애플리케이션**

다음의 태스크에서는 이벤트에 참가하는 점포를 관리하는 애플리케이션을 디자인하기 바란다.

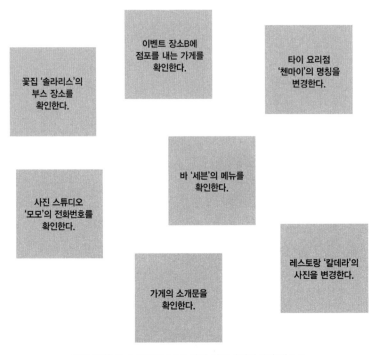

그림 레벨 3-1 이벤트 점포 관리 애플리케이션의 태스크

힌트

이 워크아웃의 목표는 컬렉션 뷰의 표현 형식의 베리에이션 중 하나인 매핑(지도 표시: 그림 3-5-13 참조)을 이해하는 것이다.

애플리케이션은 이벤트를 운영하는 관리자가 시설을 만들 때나 손님을 안내할 때 사용한다고 가정하라.

도전

이벤트 장소 오브젝트의 싱글 뷰에서 호출하는 가게의 컬렉션 뷰의 표시는 어떤 형식이 좋을까? 루트 내비게이션에서 가게 컬렉션 뷰를 표시할 경우와 똑같은 표현 형식일까?

가게 메뉴를 메인 오브젝트로 할지, 프로퍼티로 할지 생각해보자.

완성하면 하나씩 태스크를 할 수 있는지 확인하기 바란다.

해설

오브젝트 추출

이 워크아웃에서는 컬렉션 뷰의 표현 형식 패턴 중 하나인 매핑을 사용해보자.

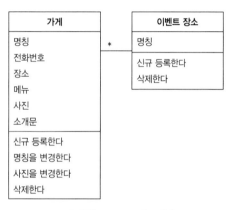

그림 레벨 3-2 오브젝트 추출

메인 오브젝트는 가게와 이벤트 장소을 선정했다(가게 오브젝트의 프로퍼티가 많기 때문에 실제 액션은 이외에도 필요할 것이다).

뷰와 내비게이션 검토

각각에 컬렉션 뷰와 싱글 뷰를 준비해 호출 관계를 정리한다.

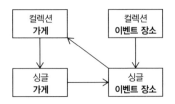

그림 레벨 3-3 뷰와 내비게이션 검토

한 가게에 이벤트 장소는 하나로 가정해 가게의 싱글 뷰에서 이벤트 장소의 싱글 뷰를 호출한다. 이벤트 장소에는 가게가 여럿이므로 이벤트 장소의 싱글 뷰에서 가게의 컬렉션 뷰를 호출하는 구조로 한다.

지금 있는 이벤트 장소의 가게를 찾거나 이벤트 장소에 관계없이 가게를 찾는 등, 2가지 메인 오브젝트는 함께 사고의 기점이 된다고 생각해 루트 내비게이션의 항목으로 했다.

레이아웃 패턴 적용

레이아웃 패턴을 적용하는 화면을 디자인한다.

다음 그림은 PC용 샘플이다.

가게 오브젝트의 컬렉션 뷰는 이벤트 장소를 구분없이 가지고 있어, 이벤트 장소 지도에 매핑하지 않고 1차원 리스트로 표현했다.

가게의 컬렉션 뷰

가게의 싱글 뷰

그림 레벨 3-4 PC

다음 그림처럼 이벤트 장소 오브젝트의 싱글 뷰에 가게 오브젝트의 컬렉션 뷰를 일체화한다. 루트 내비게이션에서 가게 오브젝트를 표시했을 때는 1차원으로 표시했지만, 여기서는 이벤트 장소 내 가게의 위치 관계를 파악하는 것을 가정해 이벤트 장소 지도에 매핑한다.

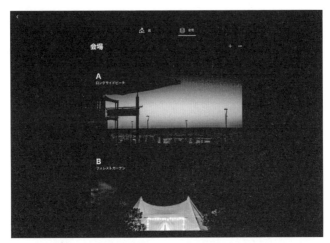

이벤트 장소의 컬렉션 뷰

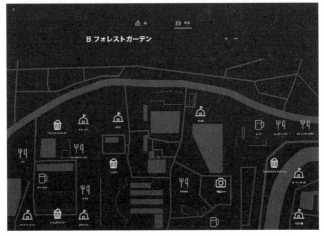

이벤트 장소의 싱글 뷰

그림 레벨 3-5 PC

다음 그림은 모바일용 샘플이다.

가게 메뉴는 마음대로 쓸 수 있는 텍스트라면 단일 프로퍼티지만, 샘플처럼 사진이나 명칭 프로퍼티를 가진 메인 오브젝트로서도 정의할 수도 있다. 이 경우 메뉴는 루트 내비게이션에 있는 편이 나을까? 메뉴를 가로로 일람할 필요가 없다면 루트 내비게이션 항목으로 선정할 필요는 없을 것 같다.

가게의 컬렉션 뷰

가게의 싱글 뷰

그림 레벨 3-6 모바일

모바일용 이벤트 장소의 컬렉션 뷰와 싱글 뷰다. PC용과 같은 디자인이다. 싱글 뷰에는 가게 오브젝트의 컬렉션 뷰를 일체화해 지도 형식에 표시한다.

이벤트 장소의 컬렉션 뷰   이벤트 장소의 싱글 뷰

그림 레벨 3-7 모바일

레벨4 **회의실 예약 애플리케이션**

다음 태스크에서는 회의실 예약 애플리케이션을 디자인하기 바란다.

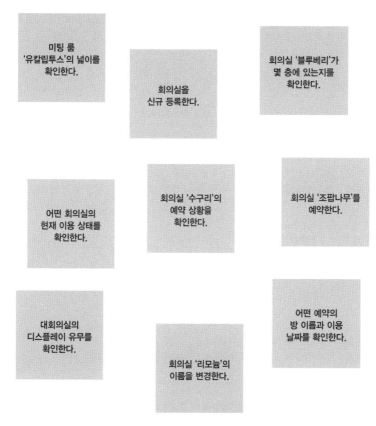

그림 레벨 4-1 회의실 예약 애플리케이션의 태스크

힌트

이 워크아웃의 목표는 컬렉션 뷰의 표시 형식 베리에이션 중 하나인 매핑(캘린더 표시: 그림 3-5-13 참조)을 이해하는 것이다.

컬렉션 뷰의 표시 형식으로 캘린더 표시를 사용해보자.

도전

회의실이라는 명사를 일반화할 여지가 있을까? 예약 컬렉션 뷰의 표시 형식을 캘린더로 할 경우, 가로축과 세로축은 무엇이 좋을까?

완성하면 하나씩 태스크를 수행할 수 있는지 확인하기 바란다.

해설

오브젝트 추출

이 워크아웃에서는 컬렉션 뷰의 표시 형식 패턴 중 하나인 매핑을 사용해보자.

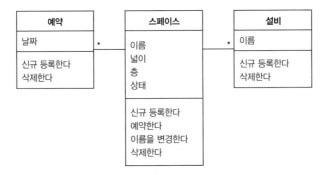

그림 레벨 4-2 오브젝트 추출

메인 오브젝트는 예약과 스페이스와 설비로 했다. 스페이스는 회의실을 말하지만 나중에 회의실 이외의 장소를 다뤄도 괜찮도록 오브젝트의 이름을 처음부터 일반화했다.

설비는 태스크 중 '디스플레이'에 해당하는 것이다. 이것도 나중에 다른 설비가 늘어날 것을 상정해 일반화했다.

뷰와 내비게이션 검토

뷰의 호출 관계를 정리한다. 스페이스 하나에 예약은 여러 개이므로 스페이스 싱글 뷰에서 예약 컬렉션 뷰를 호출한다.

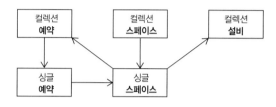

그림 레벨 4-3 뷰와 내비게이션 검토

예약 하나당 스페이스는 하나이므로 예약 싱글 뷰에서 스페이스 싱글 뷰를 호출할 수 있도록 한다.

설비에 관한 정보는 적다고 가정하고 스페이스 싱글 뷰에서 설비의 컬렉션 뷰를 참조한다. 설비 싱글 뷰는 생략한다.

레이아웃 패턴 적용

그럼 실제 화면 디자인으로 예약 오브젝트의 컬렉션 뷰를 캘린더에 매핑해보자. 예약 오브젝트가 가진 스페이스와 날짜 프로퍼티 2축을 바탕으로 매핑한다.

다음 그림은 PC용 샘플이다.

예약 오브젝트의 컬렉션 뷰와 싱글 뷰이며 설비는 스페이스에 딸린 개념으로 간주해 루트 내비게이션 항목에는 예약과 스페이스를 선택했다.

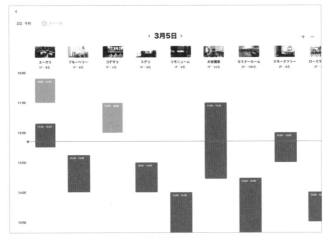

예약의 컬렉션 뷰

예약의 싱글 뷰

그림 레벨 4-4 PC

다음 그림은 스페이스 오브젝트의 컬렉션 뷰와 싱글 뷰다. 방 하나당 예약 컬렉션 뷰의 표현은 어떻게 될까? 이미 방이 특정돼 있으므로 오늘의 예약 상황을 시간축을 이용한 예정표 형식으로 표시했다.

스페이스의 컬렉션 뷰

스페이스의 싱글 뷰

그림 레벨 4-5 PC

다음 그림은 모바일용 샘플이다.

전체 예약 상황 파악을 중시해 PC용과 똑같이 캘린더 레이아웃을 사용하고 있지만, 예약을 1차원 리스트와 같이 명쾌하게 표시할 수 있을 것 같다.

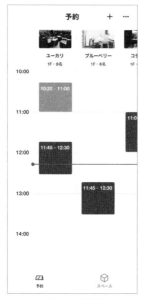

예약의 컬렉션 뷰   예약의 싱글 뷰

그림 레벨 4-6 모바일

스페이스의 컬렉션 뷰 및 싱글 뷰는 모바일의 좁은 화면에 맞춰 내용을 싱글 컬럼 식으로 세로로 늘어서는 레이아웃으로 했다.

스페이스의 컬렉션 뷰   스페이스의 싱글 뷰

그림 레벨 4-7 모바일

더 발전시키면 어떻게 될까?

이번 태스크에는 없었지만 사용자에 따라 '스페이스를 지금 바로 쓸 수 있는지 여부'가 특히 중요할지도 모른다. 이러한 경우 스페이스의 컬렉션 뷰에 필터링을 준비하자.

필터링은 나중에 나오는 워크아웃(레벨 9)에서 다루므로 참고하기 바란다.

또한 이 워크아웃에서는 언급하지 않았지만, 실제로 이러한 예약 시스템을 만들 때에는 '예약한 사용자'를 특정하기 위해 '사용자' 오브젝트가 필요할 것이다.

상정한 태스크에 말로 표현돼 있지 않아도 실제 구축을 염두에 두고 모델링하고 싶은 경우에는 이처럼 일반적으로 필요하다 여겨지는 중요한 오브젝트를 추가해 전체의 개념 구성을 검토해도 좋다.

레벨5 **가족이 놀 수 있는 장소를 찾는 애플리케이션**

다음 태스크에서는 가족이 놀 수 있는 장소를 찾는 애플리케이션을 디자인하기
바란다.

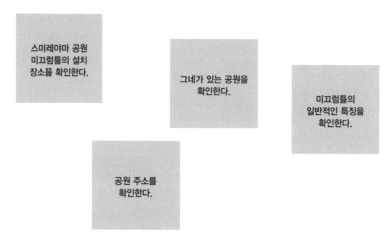

그림 레벨 5-1 가족이 놀 수 있는 장소를 찾는 애플리케이션의 태스크

힌트

이 워크아웃의 목표는 물리적인 오브젝트를 소재로 암묵적으로 존재하는 오브젝
트를 이해하는 것이다.

여기서는 '미끄럼틀'이라는 단어가 2가지 의미로 쓰이고 있다. 각각의 의미 차이
를 생각해 서로 다른 오브젝트로 추출하기 바란다.

도전

언뜻 보기에 똑같아 보이는 것을 서로 다른 오브젝트로 추출하려면 이름을 엄밀
하게 따져 지어야 한다. 그런데 이렇게 하면 사용자 입장에서는 이해하기 어려워
지는 경우도 있다. 사용자에게 표시하는 이름으로 적절한 것을 생각해보자.

공원 컬렉션 뷰에서 공원을 찾을 때 어떤 정보가 있으면 좋을지, 태스크에는 없지만 유용한 프로퍼티는 뭐가 있을지 생각해보자.

완성하면 하나씩 태스크를 할 수 있는지 확인하기 바란다.

해설

오브젝트 추출

이 워크아웃에서는 암묵적인 오브젝트를 찾아보자. 얼핏 보면 명확하지 않은 태스크지만 조금 특수한 구조로 돼 있다.

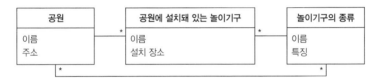

그림 레벨 5-2 오브젝트 추출

태스크에 등장하는 '미끄럼틀'과 '그네'를 일반화하면 '놀이기구'지만, 이를 일부러 2개의 다른 개념으로 추출한다.

'스미레야마 공원의 미끄럼틀'의 '미끄럼틀'은 '공원에 설치돼 있는 놀이기구'다. 흙이 묻어 더러워지는 물리적인 오브젝트다.

이에 반해 '그네가 있는 공원'의 '그네'는 '놀이기구의 종류'를 가리킨다고 할 수 있다.

그래서 이를 '공원에 설치돼 있는 놀이기구'와 '놀이기구의 종류'로 구별하는 것이다.

뷰와 내비게이션 검토

다음은 컬렉션 뷰와 싱글 뷰의 호출 관계를 정리한다.

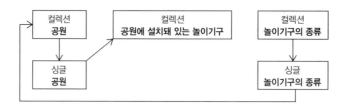

그림 레벨 5-3 레벨 5-3 뷰와 내비게이션의 검토

공원에 설치돼 있는 놀이기구는 정보량이 적기 때문에 싱글 뷰는 생략한다(정보량은 레이아웃 면적에 의존하기 때문에 레이아웃을 하면서 정하자).

또한 공원 싱글 뷰에서 놀이기구의 종류 컬렉션 뷰로의 내비게이션은 필요 없다고 생각해 생략했다.

루트 내비게이션에는 '공원'과 '놀이기구의 종류'를 나열하기로 했다.

단, '놀이기구의 종류'라는 표현은 복잡한 인상을 주기 때문에 여기서는 단순하게 '놀이기구'라 해보자.

레이아웃 패턴 적용

레이아웃 패턴을 적용해 실제 화면을 디자인한다.

다음 그림은 PC용 샘플이다.

공원의 싱글 뷰에는 설치된 놀이기구의 컬렉션 뷰를 일체화해 표시하고 있다. 프로퍼티는 놀이기구의 이름과 설치 장소가 표시돼 있다. 실제로는 설치돼 있는 각 놀이기구에는 고유한 이름이 없는 경우도 많을지 모르겠지만, 이름뿐만 아니라 도구의 종류도 연관시켜 오브젝트를 모델링해도 좋을 것이다.

아래 화면에서는 공원 프로퍼티에 정의돼 있지 않은 사진을 크게 보여주고 있다. '공원의 사진을 확인한다'라는 태스크는 언어화하기 어려운 것이다. 따라서 사진으로 레이아웃하면 구체적인 이미지를 파악하는 데 유용하다는 것을 알 수 있다. 이러한 경우는 오브젝트의 프로퍼티에 사진을 추가하자. 이처럼 레이아웃에서부터 오브젝트를 정의하는 방향도 있을 수 있다.

공원의 컬렉션 뷰

공원의 싱글 뷰

그림 레벨 5-4 PC

다음 그림처럼 놀이기구(놀이기구의 종류)의 싱글 뷰에 공원의 컬렉션 뷰를 일체화 했다.

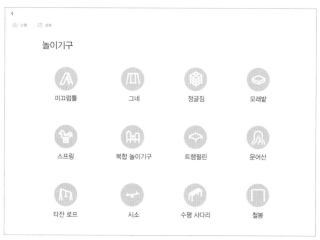

놀이기구의 컬렉션

놀이기구의 싱글 뷰

그림 레벨 5-5 PC

다음 그림은 모바일용 샘플이다.

PC에서는 넓은 화면 면적을 살려 타일 모양이나 2열로 나열했던 컬렉션을 1차원
리스트로 했다.

공원의 컬렉션 뷰   공원의 싱글 뷰

그림 레벨 5-6 모바일

놀이기구의 컬렉션 뷰 그리고 싱글 뷰에 일체화한 공원의 컬렉션 뷰도 모바일에서는 1차원 리스트로 보여준다.

놀이기구의 컬렉션 뷰

놀이기구의 싱글 뷰

그림 레벨 5-7 모바일

레벨6 **상품 관리 애플리케이션**

다음 태스크에서는 상품 관리 애플리케이션을 디자인한다.

또한 레벨 6~9에서는 하나의 애플리케이션을 단계적으로 디자인한다.

그림 레벨 6-1 상품 관리 애플리케이션의 태스크

힌트

이 워크아웃의 목표는 물체가 아닌 행위를 나타내는 오브젝트를 소재로 암묵적으로 존재하는 오브젝트를 이해하는 것이다.

'상품'이라는 단어를 2가지 의미로 쓰고 있다. 각각의 의미 차이를 생각해 서로 다른 오브젝트로 추출해보기 바란다. 명확하게 표현돼 있지 않지만, '매입'을 구성하는 요소를 찾아보자.

도전

레벨5에서도 설명했듯이 언뜻 보면 같아 보이는 것을 다른 오브젝트로 추출하려면 이름을 엄밀하게 따져 지어야 한다. 한편 이렇게 하면 사용자 입장에서는 알기 어려워지는 경우도 있다. 사용자에게 보여주는 이름으로는 어떤 것이 적절할까?

완성하면 하나씩 태스크를 수행할 수 있는지 확인해보자.

해설

오브젝트 추출

이 워크아웃에서는 암묵적인 오브젝트를 추출해보자.

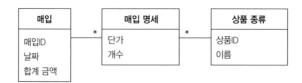

그림 레벨 6-2 오브젝트 추출

먼저, '상품 카본 펜 C2-W의 상품 ID와 과거 구입을 확인한다'라는 태스크에 주목한다. 상품 '카본 펜 C2-W'는 ID가 있는 하나의 상품 종류임을 알 수 있다. 여기서 먼저 '상품'이라는 오브젝트를 내세울 수 있을 것 같다.

한편, '어떤 매입에서 구입한 모든 상품의 상품명, 단가, 개수를 확인한다'는 태스크를 보면 1번의 매입에는 여러 종류의 상품이 여러 개씩 관계하는 것을 알 수 있다. 1번의 매입에 어떤 상품이 몇 개 있었는지 파악해야 하기 때문에 상품 종류와 개수를 세트로 한 또 하나의 개념이 필요하다.

그래서 먼저 '상품'이라는 오브젝트를 '상품의 종류'로 바꾼다. 그리고 1번의 매입에서 취급하는 상품 종류와 개수 세트를 '매입 명세'로 부르겠다.

즉, 오브젝트로서는 '상품 종류', '매입 명세' 그리고 당연히 '매입'이 있는 것이다.

'매입 명세'는 말하자면 영수증의 1항목과 같은 것이지만, 일반적인 이름이 없기 때문에 오브젝트로 인식하기 어렵다. 인식을 위해 '명세(또는 더 적절한 명칭)'가 떠오르는지가 매우 중요하다.

뷰와 내비게이션 검토

다음으로 각각에 컬렉션 뷰와 싱글 뷰를 준비해 호출 관계를 정리한다.

그림 레벨 6-3 뷰와 내비게이션 검토

하나의 매입에 대해 매입 명세는 여러 개이므로 매입 싱글 뷰에서 매입 명세 컬렉션 뷰를 호출한다. 매입 명체에 대해 상품 종류는 하나이므로 매입의 명세 싱글 뷰에서 상품 종류 싱글 뷰를 호출한다. 상품 종류에 대해 매입 명세가 여러 개이므로 상품 종류 싱글 뷰에서 매입 명세 컬렉션 뷰를 호출하는 구조다.

루트 내비게이션은 '매입'과 '상품'(상품 종류)를 나열하기로 했다. '상품 종류'라는 표현은 복잡한 인상을 주기 때문에 여기서는 간단하게 '상품'이라 한다.

레이아웃 패턴 적용

레이아웃 패턴을 적용해 실제 화면을 디자인해보자.

다음 그림은 모바일용 샘플이다. 또한 레벨6에서 레벨8에 관해서는 PC 샘플에 할애한다. 지금까지의 워크아웃을 참고하면서 디자인해보기 바란다.

매입 컬렉션 뷰에서 매입 싱글 뷰를 표시한다. 매입 싱글 뷰에는 매입 명세 컬렉션을 일체화한다.

매입 컬렉션 뷰

매입 싱글 뷰

그림 레벨 6-4 모바일

다음 그림과 같이 상품 컬렉션 뷰에서 상품(상품 종류) 싱글 뷰를 표시한다. 상품 싱글 뷰에는 과거의 매입(해당 상품의 매입 명세) 컬렉션 뷰를 일체화 한다. 여기서는 이미 상품이 특정돼 있기 때문에 매입 명세 컬렉션 뷰의 각 아이템에 상품명은 표시하지 않는다.

상품의 컬렉션 뷰 　　　　　상품의 싱글 뷰

그림 레벨 6-5 모바일

다음 그림은 매입 명세의 싱글 뷰다. 여기서부터 상품이나 매입을 탭하면 각각의 화면으로 이동하는 구조다.

매입 명세의 싱글 뷰

그림 레벨 6-6 모바일

이 워크아웃에서는 태스크에 말로 나타나지 않은 '매입 명세'라는 암묵적인 오브젝트 추출이 포인트였다.

업무 애플리케이션 설계에서는 먼저 업무 내용을 이해해야 하지만, 이 때 업무를 수행하는 사용자 자신이 명확하게 의식하고 있지 않지만 정보 시스템을 논리적으로 구성할 때 중요한 개념을 제대로 발견하지 않으면 안 된다.

업무 애플리케이션 설계 경험이 많은 사람이라면 오브젝트들 사이에 있는 관계성을 또 하나의 오브젝트로 파악하는(예를 들어 '매입'과 '상품 종류' 사이의 '매입 명세'라는 오브젝트를 찾아냄) 데 익숙할지도 모른다.

한편, 이와 같은 시각에 익숙하지 않은 사람은 평소 자신이 사용하고 있는 애플리케이션을 보고 오브젝트 구성이 어떻게 돼 있는지 상상해보기 바란다.

UI 프레젠테이션에서 내부 모델을 리버스 엔지니어링해보는 것은 객체지향 UI 디자인의 좋은 훈련이 된다.

레벨7 상품 관리 애플리케이션

계속 해서 다음 태스크에서 상품 관리 애플리케이션을 디자인하기 바란다.

재고 조사는 상품의 재고 수를 조사하는 일로, 연말에 1회만 실시하는 것으로 한다.

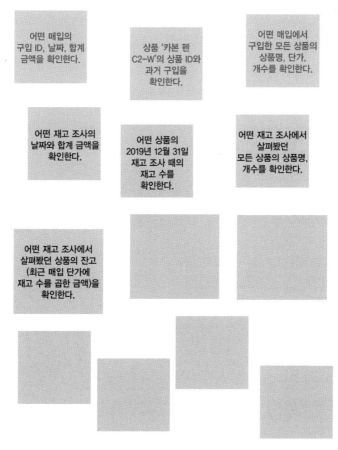

그림 레벨 7-1 상품 관리 애플리케이션의 태스크

힌트

이 워크아웃의 목표는 암묵적으로 존재하는 오브젝트와 기존 오브젝트의 조합을 이해하는 것이다.

명확하게 표현돼 있지 않지만 '재고 조사'를 구성하는 요소를 찾아보기 바란다. 추출한 오브젝트 중에서 레벨6의 워크아웃과 공통되는 오브젝트를 찾아 하나로 구조화하기 바란다.

도전

앞의 워크아웃과 마찬가지로 언뜻 보면 같아 보이는 것을 서로 다른 오브젝트로 추출하기 위해서는 이름을 엄밀하게 따져 지어야 한다. 하지만 일방적으로 엄밀하게 이름을 지어버리면 사용자 입장에서는 알기 어려워지는 경우도 있다. 사용자에게 보여주는 이름으로 적절한 것을 생각해보자.

완성하면 하나씩 태스크를 할 수 있는지 확인하기 바란다.

해설

오브젝트 추출

이 워크아웃에서도 암묵적으로 존재하는 오브젝트를 찾아보기 바란다.

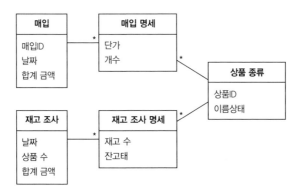

그림 레벨 7-2 오브젝트 추출

매입과 같은 구조로, 재고 조사와 재고 조사 명세로 나눠보자. '어떤 재고 조사에서 살펴봤던 상품'의 '상품'은 실제로는 상품 뿐만 아니라 재고 조사 때의 잔고나 재고 수를 프로퍼티로 갖는 '재고 조사 명세'라 할 수 있다.

'재고 조사 명세' 역시 일반적인 이름이 아니므로 오브젝트로서 인식하기 어렵다. 인식을 위해 '명세(또는 더 적절한 명칭)'가 떠올려지는지가 매우 중요하다.

뷰와 내비게이션 검토

다음으로는 각각에 컬렉션 뷰와 싱글 뷰를 준비해 호출 관계를 정리한다.

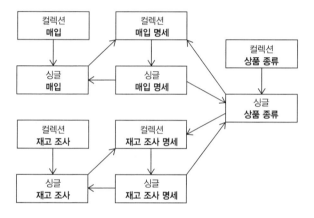

그림 레벨 7-3 뷰와 내비게이션 검토

하나의 재고 조사에 대해 재고 조사 명세는 여러 개 있으므로 재고 조사 싱글 뷰에서 재고 조사 명세의 컬렉션 뷰를 호출한다. 재고 조사 명세에 대해 상품 종류는 하나이므로 재고 조사 명세의 싱글 뷰에서 상품 종류의 싱글 뷰를 호출한다. 상품 종류에 대해 재고 조사 명세가 여러 개이므로 상품 종류의 싱글 뷰에서 재고 조사 명세의 컬렉션 뷰를 호출하는 구조가 된다.

루트 내비게이션에는 '재고 조사'를 추가했다.

레이아웃 패턴 적용

이번에는 레이아웃 패턴을 적용해 실제 화면을 디자인해보자.

매입에 관해서는 레벨6 그대로다.

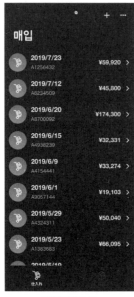

매입 컬렉션 뷰

매입 싱글 뷰

그림 레벨 7-4 모바일

상품(상품 종류)에 재고 조사가 연관되므로 다음 그림과 같이 상품의 싱글 뷰에 재고 조사의 컬렉션 뷰 일부를 일체화했다. 각각의 컬렉션 뷰 일부를 표시하고 '전부 표시'에서 모든 건을 표시하는 구조로 했다.

상품의 컬렉션 뷰   상품의 싱글 뷰

그림 레벨 7–5 모바일

재고 조사의 컬렉션 뷰에서 재고 조사 싱글 뷰를 표시한다. 재고 조사 싱글 뷰에는 재고 조사 명세의 컬렉션 뷰를 일체화시킨다.

재고 조사의 컬렉션 뷰

재고 조사의 싱글 뷰

그림 레벨 7-6 모바일

그리고 재고 조사 명세의 싱글 뷰를 추가한다.

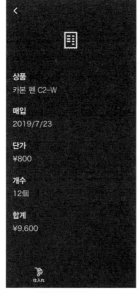

매입 명세의 싱글 뷰

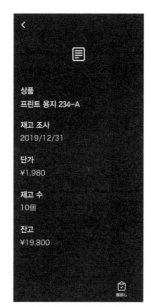

재고 조사 명세의 싱글 뷰

그림 레벨 7-7 모바일

레벨8 상품 관리 애플리케이션

이어서 다음 태스크에서 상품 관리 애플리케이션을 디자인하기 바란다.

기초 재고는 재고 조사에서 살펴봤던 상품 재고로 한다.

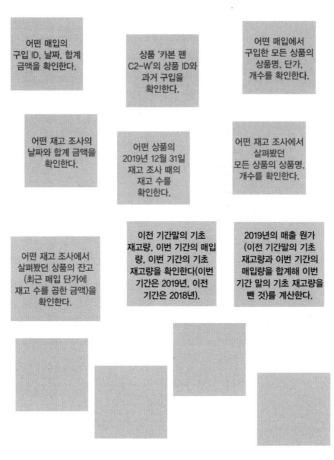

그림 레벨 8-1 상품 관리 애플리케이션의 태스크

힌트

이 워크아웃의 목표는 암묵적으로 존재하는 오브젝트 추출과 액션 오브젝트화를 이해하는 것이다. 태스크에 명시돼 있지 않은 새로운 오브젝트를 정의하자.

동사로 등장하는 '~을 계산한다'를 어떤 명사로 바꿔 프로퍼티로 정의할 수 있는지 생각해보자.

완성하면 하나씩 태스크를 수행할 수 있는지 확인해보자.

해설

오브젝트 추출

이 워크아웃에서는 애플리케이션 디자인의 발전 단계에 등장하는 다른 것과는
직접 관련이 없는 오브젝트를 다룬다.

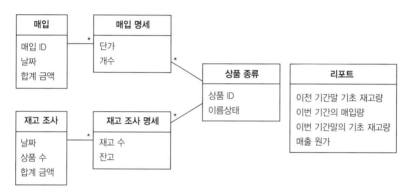

그림 레벨 8-2 오브젝트 추출

새로 추가된 태스크를 보면 기초 재고량과 매입량을 애플리케이션 어딘가에 표
시하고, 매출 원가를 계산하는 기능을 포함해야 한다는 것을 알 수 있다.

이를 호출하는 액션을 어느 한 화면에 배치할 수도 있지만, 객체지향 UI에서 프
로퍼티와 액션은 오브젝트에 부수하는 것이다. 기초 재고량, 매입량, 판매 원가
계산은 오브젝트에 대한 프로퍼티/액션이라기보다 사업 그 자체를 대상으로 한
집계 데이터의 리포트다.

그러므로 이러한 태스크를 서포트하기 위해서는 집계 데이터의 리포팅을 나타내
는 새로운 오브젝트가 필요하다. 이를 '리포트'라 한다.

액션의 오브젝트화

어떤 오브젝트에 관한 태스크가 해당 오브젝트의 프로퍼티에서 자동적으로 도출할 수 있는 정보를 참조하는 것일 경우에는 해당 도출 로직을 가진 오브젝트를 만들고 이를 프로퍼티로 한다. 이러한 액션을 오브젝트화함으로써 더 객체지향적인 UI가 된다.

예를 들어 다음 그림과 같이 '학생'에 'BMI를 계산'하는 액션을 서로 연결시키는 것이 아니라, 학생 프로퍼티로 키와 몸무게로 계산한 'BMI'를 표시함으로써 액션을 오브젝트화 할 수 있다.

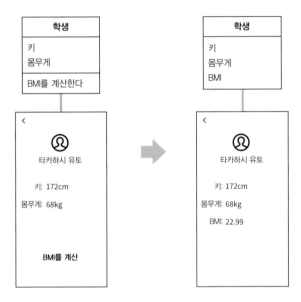

그림 레벨 8-3 액션의 오브젝트화

이러한 사고 방식으로 '리포트' 오브젝트에서는 태스크에 제시됐던 기초 재고량과 매입량을 프로퍼티로 삼는다. 동시에 매출 원가에 대해서도 '매출 원가를 계산'하는 액션이 아니라 계산 결과를 프로퍼티로 취급해 UI를 더 객체지향으로 만든다.

뷰와 내비게이션 검토

리포트의 컬렉션 뷰와 싱글 뷰를 추가한다.

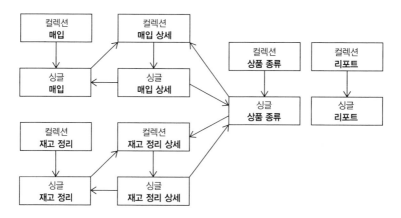

그림 레벨 8-4 뷰와 내비게이션 검토

여기에서의 리포트는 '연차 보고서'를 의미한다.

월차나 일차 보고서가 있는 경우는 어떻게 될까? 모든 리포트를 '기간 보고서'로 일반화해 사용자가 기간을 설정할 수 있고, 연차, 월차, 일차는 사전설정으로서 취급할 수도 있을 것이다(그림 3-6-14 참조).

동적인 리포트인지 아니면 스냅샷같이 어떤 시점에서의 정적인 보고서인지에 따라서도 달라질 수 있다.

어떤 금액을 수정한 경우는 보고서에 자동으로 반영하는 편이 좋은지, 아니면 과거 보고서는 이력으로서의 의미가 강해 값이 맘대로 바뀌면 곤란해지는지 등에 따라 모델링 역시 달라질 것이다.

루트 내비게이션에도 새로이 리포트를 추가하기로 한다.

레이아웃 패턴 적용

레이아웃 패턴을 적용해 새로이 추가된 리포트 화면을 디자인해보자.

다음 그림은 모바일용 샘플이다.

루트 내비게이션에 리포트(탭의 오른쪽 끝)가 추가돼 여기서부터 리포트 컬렉션을 표시한다. 그리고 1건의 리포트를 선택하면 해당 싱글 뷰를 표시하고 여기서는 각종 프로퍼티를 보여준다.

리포트의 컬렉션 뷰   리포트의 싱글 뷰

그림 레벨 8-5

레벨9 상품 관리 애플리케이션

이어서 다음 태스크에서 상품 관리 애플리케이션을 디자인하기 바란다.

그림 레벨 9-1 상품 관리 애플리케이션의 태스크

힌트

이 워크아웃의 목표는 필터링을 통해 오브젝트와 프로퍼티의 역할 분담을 이해하는 것이다.

태스크에서 추출한 명사를 프로퍼티로 할지 아니면 메인 오브젝트로서 정의한 편이 좋을지를 생각해보기 바란다.

완성하면 하나씩 태스크를 수행할 수 있는지 확인해보자.

해설

오브젝트 추출

이번에 추가한 태스크에서는 '즐겨찾기의 상품', '최근에 봤던 상품', '카테고리가 ○○인 상품'과 같은 형태로 상품의 컬렉션을 필터링하는 기능을 추가하게 된다.

필터링 기능을 더하기만 한다면 3장에서 보여줬던 필터링 패턴을 프레젠테이션에 추가하면 될 것이다. 하지만 태스크를 자세히 보면 새로운 오브젝트가 필요하다는 것을 알 수 있다.

먼저 '즐겨찾기'인데, 일반적인 즐겨찾기 기능은 사용자가 임의의 항목을 자신의 '즐겨찾기'에 등록하고 이를 나중에 호출할 수 있게 돼 있다. 이 기능을 실현하려면 '대상인 오브젝트(이번 경우는 상품 종류)'와 '사용자'를 세트로 묶는 개념이 필요하다. 이를 '즐겨찾기' 오브젝트로 한다.

동시에 사용자를 특정하는 '사용자' 오브젝트도 필요하다.

다음으로는 '최근 열람한 상품'인데, 이 역시 각 사용자별로 기록해야 하기 때문에 '대상인 오브젝트(이번 경우는 상품 종류)', '사용자' 그리고 날짜와 시간으로 소트하기 위한 '열람 일시'를 하나로 묶는 개념이 필요하다. 이를 '열람 로그' 오브젝트로 한다.

마지막으로 '카테고리가 ○○인 상품'이라는 형태로 필터링하기 위해서는 '상품 종류' 오브젝트에 '상품의 카테고리'라는 프로퍼티가 필요하다. 상품의 카테고리는 보통 규정한 선택지에서 지정하기 때문에 해당 선택지가 되는 '상품의 카테고리' 오브젝트가 필요하다.

이러한 '즐겨찾기', '사용자', '일람 로그', '상품의 카테고리' 오브젝트를 추가한 모델 레이어의 그림은 다음과 같다.

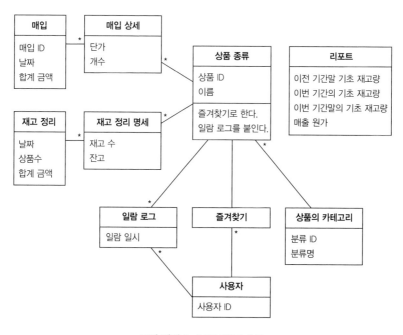

그림 레벨 9–2 오브젝트 추출

'즐겨찾기', '사용자', '일람 로그', '상품의 카테고리'는 전부 다른 오브젝트와 관련이 있으므로, 단순한 프로퍼티가 아닌 메인 오브젝트가 된다.

뷰와 내비게이션 검토

메인 오브젝트로서 '즐겨찾기', '사용자', '일람 로그', '상품의 카테고리'가 늘어났지만, 이 중 '즐겨찾기', '일람 로그', '상품의 카테고리'는 상품 리스트의 필터링에 사용되는 검색 조건이므로 이 자체가 뷰를 가질 필요는 없다.

또한 '사용자'는 SNS와 같은 서비스라면 사용자 리스트나 사용자별 프로퍼티 화면이 있는 것이 일반적이다. 하지만 현재 가정한 태스크에서는 그저 '즐겨찾기의 상품', '최근 일람한 상품'을 검색하기 위해 사용자를 특정해야 하는 상황이므로 사용자 오브젝트도 현시점에서는 뷰를 준비할 필요가 없다.

즉, 뷰와 내비게이션은 그대로이다.

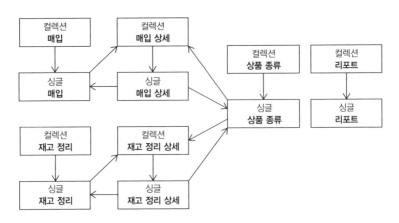

그림 레벨 9-3 뷰와 내비게이션 검토

레벨4에서는 일반적으로 예약 시스템에 필요한 사용자 오브젝트를 생략했다. 하지만 여기서는 사용자 오브젝트를 비롯해 컬렉션 뷰도 싱글 뷰도 없는 몇몇 메인 오브젝트를 모델링에 더해 구현 관점에 더 가까운 형태로 개념을 정리했다.

새로 들어간 '즐겨찾기', '사용자', '일람 로그', '상품의 카테고리' 오브젝트는 상정된 태스크에서 전부 암묵적인 존재이며 사용자가 조작의 단서로서 의식할 필요가 없으므로 루트 내비게이션은 변경하지 않고 그대로 둔다.

214

레이아웃 패턴 적용

이제 레이아웃 패턴을 적용해 화면을 디자인해보자.

다음 그림은 모바일용 샘플이다.

여기서는 상품을 필터링하기 위해 '그룹' 필터링 패턴을 적용한다(그림 3-5-18 참조). 상품 리스트의 왼쪽 위에 있는 아이콘을 누르면 그룹의 선택지를 표시하게끔 한다.

검색 조건으로 '즐겨찾기', '최근 열람', 그 외 카테고리를 준비했다.

| 상품의 컬렉션 뷰 | 필터링 항목 |

그림 레벨 9-4

상품(상품 종류)의 싱글 뷰에서는 프로퍼티(상품의 카테고리를 나타내는 '필기도구')가 추가되었다. 그리고 태스크에 있는 대로 '즐겨찾기'에 추가하는 액션(☆아이콘)을 배치했다.

상품의 싱글 뷰

그림 레벨 9-5 모바일

여기까지 레벨6~9를 통해 하나의 애플리케이션을 확장하면서 객체지향 UI의 디자인 테크닉을 연마했다.

업무용 애플리케이션에서는 크고 작은 여러 개의 오브젝트를 다루는 경우가 많아 개념을 어떻게 정리하느냐가 UI의 논리 구조를 적절하게 갖추기 위한 열쇠가 된다.

또한 업무용 애플리케이션에서는 데이터베이스의 CRUD 조작을 실현하는 것이 UI의 중심적인 역할이 되므로 자칫하면 단순한 데이터베이스 관리 화면이 돼 버린다. 거기에 애플리케이션만의 편리성을 주기 위해서는 태스크의 오브젝트화, 태스크를 반영한 필터링, 태스크에 최적화된 프레젠테이션이 중요하다.

이상으로 워크아웃의 기초편이 끝났다. 다음 장에서는 더 실제적인 케이스를 소재로 객체지향 UI 디자인을 응용해보자.

5

워크아웃: 응용 편

5장은 워크아웃의 응용 편으로, 지금까지 소시오미디어가 맡았던 시스템 개발 안건 중에서 실제 사례를 소재로 삼아 현실 디자인 프로젝트에 직면할 수 있는 다양한 요건을 알아보고자 한다.

정답이 하나가 아닌 문제나 기본 이론만으로는 해결할 수 없는 과제에 객체지향 UI의 사고방식을 응용하면서 가장 잘 어울리는 디자인을 검토해간다.

진행 방식

앞에서도 얘기했지만 태스크지향 UI에는 몇 가지 공통점이 있다. 이러한 조건에 들어맞는 애플리케이션은 객체지향 UI로 변경하면 조작성을 크게 개선할 수 있다.

- 내비게이션이나 메뉴의 대 항목이 '할 일'로 돼 있다.
- '할 일'을 선택한 다음 화면 변경이 단일 선형적인 흐름이다.
- 도중에 '할 일'을 바꾸고 싶은 경우는 처음으로 돌아가 다시 해야 한다.
- '할 일'끼리 같은 화면이나 조작이 중복해 나타난다.
- 시스템의 전체 모습을 파악하기 어렵고, 조작이 간접적/암묵적이고, 지금 무엇을 하고 있는지 알기 어렵다.

이러한 조건에 들어맞는 애플리케이션은 태스크지향이므로 객체지향 UI로 변경하면 조작성을 크게 개선할 수 있다.

기존 애플리케이션을 객체지향으로 고치려면 지금까지 연습했던 대로 사용자의 도메인에서의 관심대상=오브젝트를 우선 특정해야 한다. 이 때 큰 단서가 되는 것은 현행 UI다. 비록 태스크지향이라 사용하기 어려운 UI더라도 해당 애플리케이션을 만들 당시에는 업무 분석이나 요건 정의를 열심히 했을 것이고, 현행 UI에는 그 결과가 반영돼 있을 것이기 때문이다. 따라서 객체지향 UI로 고칠 때에는 현행 UI의 구성이나 각 레이블을 잘 살펴보고, 해당 시스템이 서포트 하려 했던 도메인의 모델을 리버스 엔지니어링한다.

응용편에서는 레벨 10에서 18의 워크아웃이 있다. 그러나 '기초 편'과는 달리 난이도순이 아니다. 워크아웃마다 고민해야 하는 포인트가 다르지만, 도전할 때 특별히 순서를 따지지 않으므로 좋아하는 것부터 시작해도 괜찮다.

각 레벨에서는 먼저 개선 전의 애플리케이션 UI를 보여준다. 이는 전부 태스크지향으로 디자인된 것이다. 평상시 업무 중에 본 것도 있을 수 있다. 각각의 애플리케이션이 어떠한 업무 요건을 가지고 있으며, 왜 그런 디자인이 됐는지 간단하게 설명을 적었으니 각자 UI 디자이너라 생각하고 객체지향으로 개선하는 방안을 생각해보기 바란다.

또한 디자인을 검토할 때는 이전 장에서 했던 것과 마찬가지로 오브젝트나 뷰를 간략한 모델링 그림으로 나타낸다. 하지만 해당 그림의 기법에 관해서는 딱히 정해져 있는 것이 없으므로 실전에서는 스스로에게 맞는 방법을 넣어도 좋다.

그러면 시작해보자.

레벨10 **스마트폰용 영업 지원 애플리케이션**

스마트폰용 영업지원 애플리케이션으로 영업사원이 안건, 방문, 고객 정보 등을 관리하기 위한 앱이다. 이 앱에서 사용자가 임의의 고객을 찾고 메시지를 보내기까지의 플로우는 다음 그림과 같다.

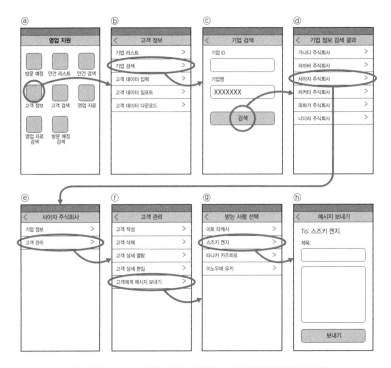

그림 레벨 10-1 고객을 찾아 메시지를 보내기하기까지의 플로우

고객 한 명에게 메시지를 보내는 데 정말 많은 화면 전이가 필요하다. 또한 사용자라 생각하고 각 화면 내용을 보면 표시돼 있는 항목이 자의적이고 어느 것을 골라야 메시지 보내기 기능에 도달할 수 있는지 알기 어렵게 돼 있다.

그래서 현행 UI에서 업무 개요를 리버스 엔지니어링해 메인 오브젝트를 추출하고, 애플리케이션의 기본적인 구성을 다시 생각해보기 바란다. 그런 다음, 특정 고객을 찾아 메시지를 보내는 태스크에 필요한 조작 흐름을 그림으로 그려보기 바란다.

힌트

처음에 아이콘이 나열된 메뉴 화면이 있는데(ⓐ), 항목의 레이블을 보면 '방문 예정'과 '방문 예정 검색', '안건 리스트'와 '안건 검색'과 같이 명사와 동사가 혼재돼 태스크와 오브젝트의 관계를 알기 어렵다.

여기서 '고객 정보'를 누르면 고객 리스트가 나타나는 것이 아니라, '기업 검색'이나 '고객 데이터 입력'과 같은 '할 일'을 포함한 메뉴가 표시되고(ⓑ), 사용자는 어두운 터널에 몰린다.

그 다음의 화면 전이도 '할 일'을 고른 다음 해당 대상을 지정하는 '동사 → 명사' 순서가 반복된다. 전체 플로우는 거창하고 조작은 매우 불편하다.

해설

오브젝트 추출

이것을 객체지향으로 바꾸려면 오브젝트를 추출해야 한다. 이미 어느 정도의 업무 분석 결과가 반영돼 있을 현행 화면 안에서 쓰이고 있는 명사를 모아본다. 그러면 '고객', '안건', '방문예정', '영업 자료'라는 오브젝트를 추출할 수 있다.

그림 레벨 10-2 명사 분석

또한 고객에 주목하면 해당 개념은 다시 '기업'과 '사람'으로 나눌 수 있으며, 사람은 기업에 속해 있음을 알 수 있다.

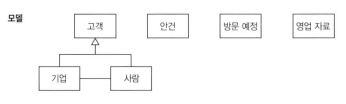

그림 레벨 10-3 오브젝트 추출

뷰와 내비게이션 검토

기업과 사람에 포커스를 맞춰 생각했을 경우, 각각에 컬렉션 뷰와 싱글 뷰가 필요하다면 다음 그림과 같은 모델을 만들 수 있다.

그림 레벨 10-4 뷰와 내비게이션 검토

기업 오브젝트는 기본적으로 거기에 속한 사람을 찾기 위한 단서일 뿐이므로 싱글 뷰 하나로 1화면을 사용하는 것은 효율이 떨어질 수 있다. 그래서 사람의 컬렉션 뷰와 일체화하도록 생각해 봤다.

레이아웃 패턴 적용

이 UI 모델을 화면 이미지로 하면 다음과 같다.

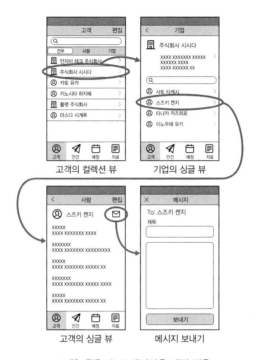

그림 레벨 10-5 레이아웃 패턴 적용

주요한 오브젝트인 '고객', '안건', '(방문)예정', '(영업)자료'를 가장 상위 내비게이션 으로서 탭으로 했다. 고객 탭이 선택된 상태에서는 고객 종류인 '사람'과 '기업' 어느 쪽에서도 찾을 수 있도록 뷰의 전환이 가능하며, '전부'가 선택됐을 경우는 사람과 기업 양쪽이 나란히 일람 표시되도록 한다. 기업 하나를 선택하면 해당 기업의 기본 정보와 직원 리스트(필터링 기능 포함)를 표시하고, 사람을 한 명 선택하면 그 사람의 상세 정보를 표시한다. 상세 정보 화면에서는 그 사람에 대한 액션으로 봉투 아이콘 버튼이 있으며 이를 누르면 메시지 보내기 화면이 나타난다.

이 예의 포인트

개선 전후의 플로우와 화면 구성을 비교하면 태스크지향 UI와 객체지향 UI의 차이를 잘 알 수 있다. 태스크지향으로 설계한 원래 디자인에서는 사용자가 '고객에게 메시지 보내기'라는 '할 일'을 고른 다음, 받는 사람인 고객을 검색해 특정하는 흐름이었다. 하지만 고객이라는 단위에 사용자가 하고 싶은 일은 그 외에도 있을테니 그 목적을 충족하는 뷰(고객 리스트나 상세 정보)를 준비해 필요한 액션(메시지 보내기 등)을 제시하면 된다. 객체지향으로 만들면서 화면 수는 큰 폭으로 줄었다.

레벨11 **이벤트 관리 애플리케이션**

다음 그림 레벨11-1은 여러 개의 이벤트 운영을 관리하는 애플리케이션이다. 새로운 이벤트 정보를 등록하거나, 해당 일정을 확인하거나, 필요한 자료를 찾을수 있다.

초기 화면(그림 중앙)에는 태스크별 시작 포인트인 '새로 만들기', '상세 열람', '일정확인', '자재 관리' 버튼이 나열돼 있다.

'새로 만들기'를 누르면 새로운 이벤트의 상세 정보를 입력하는 화면으로 옮겨간다.

'상세 열람'을 누르면 이벤트 검색 화면으로 옮겨가고 해당 검색 결과에서 특정이벤트의 상세 정보 편집 화면으로 옮겨간다.

'일정 확인'을 누르면 이벤트 검색 화면으로 가고, 해당 검색 결과 화면에서 '일정표시'를 누르면 여러 개의 이벤트 일정을 동시에 보기 및 편집할 수 있다.

'자재 관리'를 누르면 이벤트 검색으로 가고, 해당 검색 결과에서 특정 이벤트의자재 리스트 화면으로 옮겨간다.

이것을 객체지향 UI로 다시 디자인하기 바란다.

힌트

이 UI에서는 이벤트의 새로 만들기, 상세 열람, 일정 확인, 자재 관리라는 '할 일'을 그대로 선형 플로우를 UI로 만들어 비슷한 화면이 여럿 존재한다. 또한 필요 이상으로 상세한 레코드 검색 폼이 있어 검색과 결과를 반복할 뿐인, DB 관리 소프트와 별로 다르지 않은 형태가 됐다.

여기에서는 업무의 성질에 맞는 뷰 표현이 전혀 고안돼 있지 않다. 또한 자재 관리 화면에서는 표시한 항목의 속성을 표 형식으로 수평으로 나열하고 있어 화면 너비가 부족해 가로 스크롤이 발생해 열람하기 어렵다.

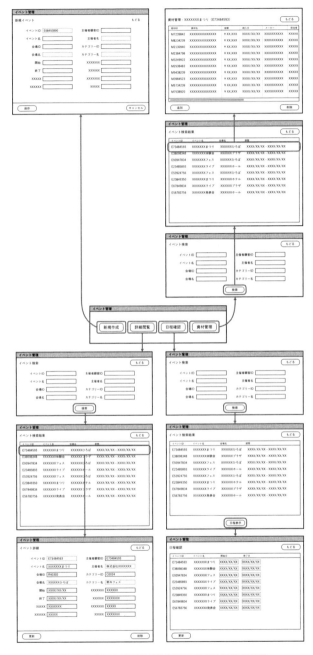

그림 레벨 11-1 이벤트 관리 애플리케이션의 플로우

해설

오브젝트 추출

객체지향 UI로 개선하기 위해 우선 원래 UI 중에서 중요한 명사를 추출한다. 이 애플리케이션에서는 '이벤트'와 '자재'라는 두 가지 오브젝트를 다루고 있음을 알 수 있다.

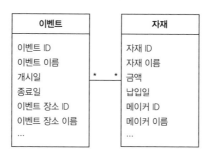

그림 레벨 11-2 오브젝트 추출

뷰와 내비게이션 검토

이번에는 뷰를 생각한다. 이벤트와 자재 모두 컬렉션 뷰와 싱글 뷰를 준비한다. 또한 이벤트의 컬렉션에서 선택한 이벤트의 자재 컬렉션을 직접 호출해서 이벤트의 싱글을 경유하지 않고도 자재를 확인할 수 있게 했다.

그림 레벨 11-3 뷰와 내비게이션 검토

이 애플리케이션에서의 포인트는 원래 UI에서 '일정 확인'이라는 플로우가 존재했다는 것이다. 각 이벤트에는 상세 정보가 있지만, 그 중에서도 일정은 여러 이벤트를 한 번에 표시/변경할 수 있도록 돼 있었다. 새로운 디자인에서는 뷰 표현으로 이 요구를 더 잘 지원한다. 또한 가로 스크롤이 발생했던 자재 관리의 정보도 뷰 표현 덕택에 더 편하게 열람할 수 있다.

레이아웃 패턴 적용

이 애플리케이션에서 가장 중요한 오브젝트는 '이벤트'이므로 리스트를 처음부터 왼쪽 팬에 표시한다(그림 레벨 11-4). 그 위에는 간편한 필터링 기능을 둬 필요에 따라 상세 검색 폼을 열 수 있게 한다. 이벤트의 컬렉션 뷰는 디폴트로 간트 차트식으로 표현해 여러 이벤트의 일정을 동시에 파악하고 이를 마우스 조작으로 빠르게 변경할 수 있도록 한다.

왼쪽 팬에 이벤트의 컬렉션 뷰를 표시한 상태로 오른쪽 팬에 이벤트의 싱글 뷰(상세 정보)를 표시할 수 있도록 한다. 마찬가지로 이벤트에 연결돼 있는 자재의 컬렉션 뷰도 호출할 수 있게 한다.

자재의 컬렉션 뷰에서는 그 오른쪽에 팬을 더 준비해 선택한 자재의 상세 정보를 표시할 수 있게 한다. 이렇게 해서 표 형식보다도 무리 없이 하위 항목을 표시할 수 있게 된다.

이 예의 포인트

이 개선 예에서는 오브젝트의 뷰와 해당 화면 구성 방법을 생각하는 데 업무 시 기능의 우선 순위나 정보의 표현 방법을 검토하고 있다. 그 결과 오합지졸에 불과했던 UI가 편리함을 갖춘 심플한 SPA^{Single Page Application}로 재탄생했다.

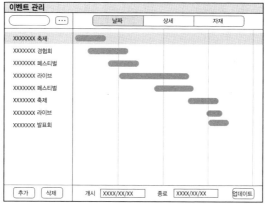

이벤트의 컬렉션 뷰(오른쪽 팬에 일정을 표시)

이벤트의 컬렉션 뷰(오른쪽 팬에 이벤트의 싱글 뷰를 표시)

자재의 컬렉션 뷰

그림 레벨 11-4 레이아웃 패턴 적용

레벨12 **보험 계약의 고객 관리 애플리케이션**

다음 그림은 어떤 보험회사가 사내에서 이용하고 있는 고객 관리 애플리케이션이다. 화면 왼편에는 내비게이션 메뉴가 있으며, 각각은 주 업무의 시작 포인트다. 하지만 전부 항목 이름이 '~조회'나 '~절차' 등 '할 일'로 돼 있어서 전체적으로 태스크지향으로 디자인돼 있다고 할 수 있다.

이를 객체지향 UI로 다시 디자인하기 바란다.

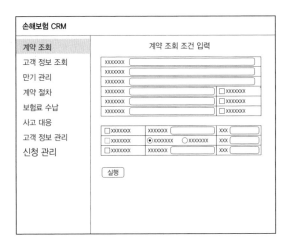

그림 레벨 12-1 보험 계약의 고객 관리 애플리케이션의 탑 화면

힌트

UI를 객체지향으로 하기 위해서는 우선 시스템이 다루고 있는 명사적인 요소를 추출하지만, 이번과 같이 내비게이션 항목이 업무 명칭인 경우 이것이 어떠한 업무인지를 이해해야 한다. 그렇지 않으면 명사끼리의 일반화 관계를 파악하지 못하거나 암묵적인 오브젝트의 존재를 찾아내지 못하기 때문이다.

이 시스템의 내비게이션 메뉴 항목에 나타나 있는 업무 개요는 다음과 같다.

- 계약 조회 → 계약을 검색한다. 검색 결과 리스트에서 계약 상세를 본다.

- 고객 정보 조회 → 고객을 검색한다. 검색 결과 리스트에서 고객 상세를 본다.

- 만기 관리 → 만기가 가까운 계약 리스트. 여기서 계약 상세를 본다.

- 계약 절차 → 신규 신청 작성 화면

- 보험료 수납 → 보험료 미납 계약 리스트. 여기서 계약 상세를 본다.

- 사고 대응 → 사고 정보 리스트. 여기서 사고 상세를 본다.

- 고객 정보 관리 → 고객을 검색한다. 검색 결과 리스트에서 고객 편집 화면을 연다.

- 신청 관리 → 미승인 신청 리스트. 여기서 신청 상세를 본다.

이상을 파악한 다음 오브젝트를 추출해 UI를 모델링한다.

해설

오브젝트 추출

각 업무 개요에서 명사를 추출한다. 그러면 다음 오브젝트가 보일 것이다.

그림 레벨 12-2 오브젝트 추출

이는 고객 관리 애플리케이션이지만, 내비게이션 메뉴 내용을 분석하면 '계약'이라는 오브젝트가 가장 많이 업무에 관여하고 있음을 알 수 있다. 즉, 계약 오브젝트의 컬렉션 뷰(리스트 표시)를 애플리케이션의 중심적인 화면으로 하면 편리성이 높아질 것이다.

업무 적합

여기서 주의해야 할 점은 원래의 UI에서 '계약'의 검색이나 리스트 표시가 '계약 조회', '만기 관리', '보험료 수납'이라는 3개의 다른 업무 화면으로 준비돼 있다는 것이다. 즉, 각각의 이용 문맥으로 각 업무에 적합한 형태로 리스트를 표시하고 있는 것이다. 사용자는 정형적인 업무로서 각각의 화면에 액세스해서 가능한 한 효율적으로 필요한 정보를 취득하거나 업무상 액션을 하고 싶을 것이다.

'계약 조회', '만기 관리', '보험료 수납'을 통합해 하나의 '계약' 리스트 화면으로 만들 수 있지만, 이렇게 하면 UI가 업무상 태스크에 최적화되지 않은, 지나치게 일반화돼 버릴 우려가 있다.

이와 같이 같은 오브젝트에 대해 서로 다른 요구가 있을 경우, 객체지향 UI에서는 업무별로 다른 시작 포인트를 설계하지 않고 업무에 따라 컬렉션 뷰의 표시를 전환할 수 있게 한다.

예를 들어 컬렉션 뷰의 표시 형식을 리스트, 타일, 맵 등 용도에 맞는 것으로 하거나, 같은 리스트라도 표시하는 메타데이터를 변경하거나, 또는 업무 요건에 따라 리스트의 초기 크라이테리어(추출조건)나 소팅 순서를 사전설정 해 두는 등이다(그림 3-6-14 참조).

컬렉션에 대해 어떠한 업무상의 요구가 있는 알기 위해 각 업무의 개요를 다시 한 번 살펴보자.

계약 조회	**계약**을 검색한다. **검색 결과** 리스트에서 계약 상세를 본다.
고객 정보 조회	**고객**을 검색한다. **검색 결과** 리스트에서 고객 상세를 본다.
만기 관리	**만기가 가까운 계약** 리스트. 여기서 계약 상세를 본다.
계약 절차	신규 **신청** 작성 화면
보험료 수납	**보험료 미납 계약** 리스트. 여기서 계약 상세를 본다.
사고 대응	**사고** 정보 리스트. 여기서 사고 상세를 본다.
고객 정보 관리	**고객**을 검색한다. **검색 결과** 리스트에서 고객 편집 화면을 연다.
신청 관리	**미승인 신청** 리스트. 여기서 신청 상세를 본다.

그림 레벨 12-3 각 업무의 개요

이제 업무의 성질을 반영하고 있는 오브젝트의 필터링 속성이 드러난다. 예를 들어 같은 '계약' 오브젝트라도 '만기 관리'에서 요구하는 것은 '만기가 가까운' 계약이며, '보험료 수납'에서 요구하는 것은 '보험료 미수납' 계약이다. 이러한 업무에 적합한 형태로 '계약' 오브젝트를 다룰 수 있게 하려면 각각에 적합한 크라이테리어, 메타데이터 표시, 소팅 순서의 사전설정을 미리 준비해 두고 이를 선택 가능한 오브젝트로서 사용자에게 제시하면 된다.

뷰와 내비게이션 검토

업무상의 태스크를 컬렉션의 사전설정으로 반영한다는 전제로 뷰와 인터랙션을 검토한 것이 다음 그림이다.

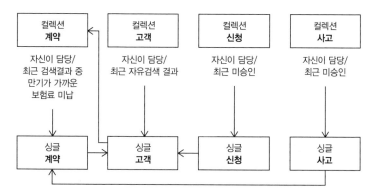

그림 레벨 12-4 뷰와 내비게이션 검토

계약 오브젝트의 컬렉션 뷰에서는 업무 애플리케이션에서 일반적으로 사용하는 크라이테리어인 '자신이 담당했던 건'이나 '최근의 것'을 비롯해 적어도 '만기가 가까운 건'과 '보험료 미납 건'을 사전설정으로 준비해 둔다. 그 외의 오브젝트도 업무상 요구 사항을 확인하면서 컬렉션의 사전설정을 정의한다.

레이아웃 패턴 적용

이와 같이 검토한 뷰와 내비게이션을 실제 화면 이미지로 한 것이 다음 그림이다.

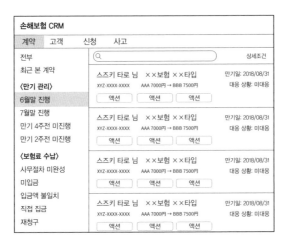

그림 레벨 12-5 레이아웃 패턴 적용

먼저 메인 오브젝트로 '계약', '고객', '신청', '사고' 4가지가 있고, 상부의 루트 내비게이션에서 호출할 수 있게 한다.

가장 중요한 오브젝트인 '계약'에서는 태스크를 반영한 컬렉션의 사전설정을 오브젝트로 보고 선정할 수 있도록 화면 왼편에 리스트업 한다. 사용자는 지금부터 하려고 하는 업무에 따라 사전설정을 선택한다. 그러면 해당 업무에 최적화된 포맷으로 계약 리스트가 오른편에 표시된다.

예를 들어 '만기 관리'를 위한 계약 리스트에서는 메타데이터로서 만기일이나 대응 상황을 표시하고, 또 계약 업데이트를 촉구하는 액션(메일을 보내거나 전화하는 등)을 바로 취할 수 있도록 이를 위한 버튼을 리스트상에 배치한 상태다.

이런 식으로 메인 오브젝트를 내비게이션에 세우면서 각각 안에서 업무상의 태스크를 오브젝트로 나타내면 사용자가 '오브젝트를 선택'해 필요한 정해진 형식의 업무를 할 수 있다.

이 예의 포인트

이번 포인트는 오브젝트를 추출할 때 '업무상의 니즈를 반영하고 있는 필터링 속성'도 동시에 파악했다는 점이다. 그리고 이를 컬렉션의 사전설정으로 했다. 즉, 어떤 오브젝트에 대해 단순히 컬렉션 뷰와 싱글 뷰를 만드는 것이 아니라, 업무 컨텍스트에 최적화한 형태로 이를 나눠 표시할 수 있도록 한 것이다. 이렇게 하면 업무라는 태스크는 UI 상의 선택 가능한 오브젝트로 변환되고, UI를 객체지향으로 유지할 수 있다.

레벨13 **자산 관리 애플리케이션**

어떤 시스템 개발 회사가 만들었던 자산 관리 애플리케이션(사내에서 공유하는 자료나 소재를 관리하는 업무 시스템)의 목업에서는 우선 다음과 같은 탑 화면을 표시한다.

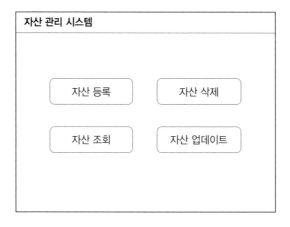

그림 레벨 13–1 자산 관리 애플리케이션의 탑 화면

4가지 '할 일'별 시작 포인트

이 시스템이 제공하는 기본적인 기능은 자산의 신규 등록, 기존 자산의 검색과 열람, 기존 자산의 내용 업데이트 그리고 기존 자산의 삭제다. 이는 이른바 'CRUD'(생성, 열람, 업데이트, 삭제)로, 대부분의 정보 시스템에 들어있는 것이다. 탑 화면에서는 이 4가지의 '할 일'별로 시작 포인트를 준비해 둔 형태다.

이후의 화면 전이는 어떻게 되는가?

각각의 버튼을 누른 후 화면 전이는 다음과 같이 돼 있다.

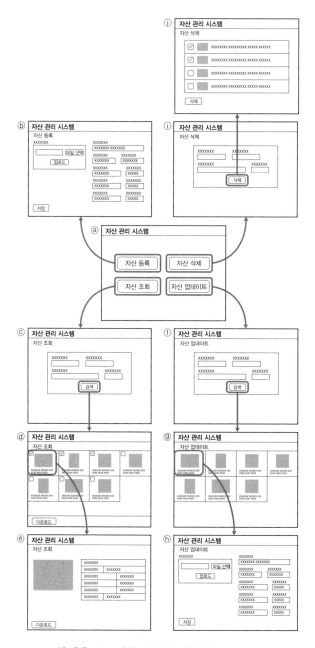

그림 레벨 13-2 자산 관리 애플리케이션의 화면 플로우

'자산 등록'을 누르면 신규 등록용 폼 화면이 나타난다ⓑ. 여기서 업로드하는 파일을 지정하거나, 필요한 메타데이터를 입력하고 저장 버튼을 누르면 자산이 데이터베이스에 등록된다.

'자산 조회'를 누르면 자산 검색용 폼이 나타난다ⓒ. 여기서 조건을 입력하고 검색 버튼을 누르면 검색 결과 리스트가 표시된다ⓓ. 이 리스트에서는 검색 조건에 걸린 자산의 섬네일이 타일 상태로 나열된다. 타일에는 체크박스가 있어 여러 개를 선택해 일괄 다운로드할 수 있다. 리스트에서 섬네일 하나를 누르면 해당 상세 화면이 표시된다ⓔ.

'자산 업데이트'을 누르면 자산 검색용 폼이 나타난다ⓕ. 여기서 조건을 입력하고 검색 버튼을 누르면 검색 결과 리스트가 표시된다ⓖ. 원하는 항목을 선택하면 업데이트용 폼이 표시되고 내용을 업데이트한다ⓗ.

'자산 삭제'를 누르면 자산 검색용 폼이 나타난다ⓘ. 여기서 조건을 입력하고 검색 버튼을 누르면 삭제용 검색 결과 리스트가 표시된다ⓙ. 리스트에는 체크박스가 있어 선택하고 삭제 버튼을 누르면 삭제된다.

이를 객체지향 UI로 다시 디자인하기 바란다.

힌트

각각의 화면 플로우는 각각의 태스크에 맞게 낭비 없이 만들어져 있다. 하지만 '할 일'별로 준비된 각각의 플로우 사이에는 비슷한 작업이나 화면이 반복되고 있다.

사용자가 어떤 검색 결과에 대해 업데이트나 삭제 작업을 연이어 하고 싶은 경우, 일일이 탑 화면에서 같은 검색을 다시 해야 한다. 구현이나 보수의 관점에서도 비슷하지만 조금씩 다른 화면이 산재해 있는 것은 비효율적이다.

해설

오브젝트 추출

이 자산 관리 애플리케이션은 자산에 대한 CRUD(생성, 열람, 업데이트, 삭제)만 하는 단순한 것이므로 오브젝트는 '자산'만이다.

그림 레벨 13-3 오브젝트 추출

뷰와 내비게이션 검토

우선, 자산 검색과 리스트를 위한 컬렉션 뷰가 필요하다. 원래의 태스크지향 디자인에서는 자산 조회, 업데이트, 삭제용으로 각각 조금씩 다른 리스트 표시를 준비했지만, 기능적으로도 표현적으로도 크게 다르지 않기 때문에 하나의 컬렉션 뷰로 집약한다.

그림 레벨 13-4 뷰와 내비게이션 검토

레이아웃 패턴 적용

신규 추가용 폼 화면은 업데이트용과 공통으로 사용한다. 그리고 화면 전이는 우선 컬렉션에서 1건을 선택하면 열람용 싱글 뷰를 열고 데이터 상세를 표시한다. 그리고 1건의 삭제나 다운로드는 거기에서 할 수 있도록 한다. 업데이트 작업은 해당 열람용 화면에서 '편집' 버튼을 누르면 옮겨가도록 한다. 따라서 원래의 태스크지향 디자인에 비해 업데이트를 위한 스텝이 조금 늘어나지만, 어떤 태스크를 하더라도 사용자는 동일한 리스트와 상세를 대상으로 하기 때문에 나타나는 화면의 자의성이 없어져 사용자가 겪을 수 있는 인지부하를 낮게 유지할 수 있을 것이다.

이 모델을 화면 이미지로 하면 다음과 같다.

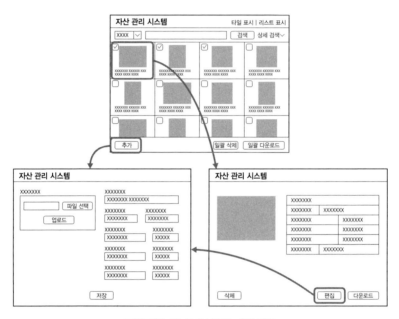

그림 레벨 13-5 레이아웃 패턴 적용

이 예의 포인트

객체지향 UI로 함으로써 화면이 10개에서 3개가 됐다. 이와 같이 리스트 화면에 추가 및 삭제 기능을 넣거나, 신규 추가용 화면과 업데이트용 화면을 공통으로 하는 것은 데이터베이스로의 CRUD 기능을 제공하는 정보 시스템의 정석이다. 상세 화면은 요구의 성질에 따라 열람용과 편집용으로 나눌지 말지를 정한다. 열람만의 목적(이번 경우는 열람 및 다운로드)으로 상세 화면을 여는 용도가 있다면 실수로 내용을 업데이트해 버리는 일을 막기 위해 열람과 편집을 나눠 만든다.

레벨14 **사이트 관리 애플리케이션**

다음은 어떤 간이 사이트 관리 애플리케이션이다. 이 시스템에서는 특정 고객을 위한 간이 웹사이트에 페이지를 추가하거나, 내용을 편집하거나, 페이지 순서를 바꿀 수 있다. 아주 단순한 애플리케이션이지만, UI가 태스크지향으로 돼 있어 매우 사용하기 어려웠다. 다음 그림은 그 중 대표적인 4화면이다.

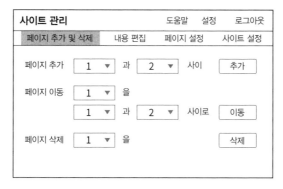

그림 레벨 14-1 페이지 추가 및 삭제

사이트 관리		도움말 설정 로그아웃

페이지 [1 ▼]

저장

그림 레벨 14-2 내용 편집

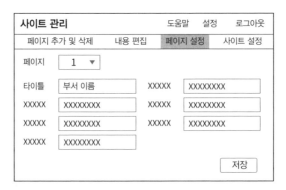

그림 레벨 14-3 페이지 설정

그림 레벨 14-4 사이트 설정

GUI답지 않은 구멍 메우기 식 위저드

페이지 상부의 수평 메뉴를 보면 '페이지 추가 및 삭제', '내용 편집', '페이지 설정', '사이트 설정'이 있으며, 이것들이 이 시스템에서의 '할 일'이다. 맨 처음 그림(그림 레벨14-1)은 메뉴에 '페이지 추가 및 삭제'가 선택된 상태지만, 페이지를 추가, 이동, 삭제하는 조작이 각각 구멍 메우기 식의 작은 위저드로 돼 있어 GUI답지 않은 형식적인 표현이다.

파악하기 어려운 사이트의 전체 모습

원래 이것은 사이트 관리 애플리케이션인데 사이트의 전체 모습이 표현돼 있지 않다. 전체 모습의 표현이란 페이지의 집합체로 사이트를 시각적으로 나타내는 것이다. 그리고 사이트 자체의 메타 정보나 각 개별 페이지의 내용에 액세스 하기 위해 사이트나 페이지를 오브젝트로서 화면상에 배치하는 것이다. 하지만 이 화면에서는 사이트나 페이지는 개념으로서 암묵적으로 존재할 뿐 조작 대상물로서는 나타나 있지 않다.

이를 객체지향 UI로 다시 디자인하기 바란다.

힌트

이 화면은 마치 커맨드 프롬프트로 파일 조작을 하고 있는 듯 만들어졌다. 상급자가 고속으로 일괄처리를 하는 용도라면 좋을지도 모르겠지만, 일반적인 사용자가 다루기에는 '지금 자신이 무엇에 대해 무엇을 하고 있는가', '그 결과가 어떻게 됐는가' 등을 파악하기 어렵고, 조작을 간접적인 단서에 기대게 돼 있다.

해설

오브젝트 추출

태스크지향으로 만들어진 사이트 관리 시스템을 객체지향으로 개선하기 위해서 우선 오브젝트를 추출해보자. 화면 안의 명사를 모으면 주요한 오브젝트로는 '사이트'와 '페이지'가 있다. 사이트와 페이지 모두에는 속성으로서 '설정'이라 불리는 각종 메타 정보가 있으며 페이지에는 '내용'이라 불리는 속성이 있다.

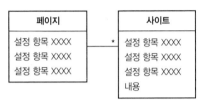

그림 레벨 14-5 오브젝트 추출

뷰와 내비게이션 검토

다음으로는 뷰를 검토하자. '사이트'는 이 윈도우에 하나밖에 취급할 수 있는듯 하니, 컬렉션 뷰는 필요 없다. 한편 '페이지'에는 컬렉션 뷰와 싱글 뷰가 필요할 것이다. 컬렉션 뷰에서는 페이지를 추가/삭제하거나 순서를 변경하는 액션이 필요하다. 이를 그림으로 나타내면 다음과 같다.

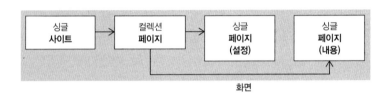

그림 레벨 14-6 뷰와 내비게이션 검토

레이아웃 패턴 적용

페이지 오브젝트에는 싱글 뷰 2개('설정'과 '내용')을 준비한다. 둘 다 정보량이 많아질 것 같기 때문이다. 이를 와이어프레임으로 한 것이 다음 그림이다.

그림 레벨 14-7 레이아웃 패턴 적용

좌우 2팬 구성으로, 왼쪽 팬에 페이지 오브젝트의 컬렉션 뷰를 배치했다. 원래 디자인에서는 사용자의 관심 대상인 '페이지 모음'을 볼 수 없었기에 조작감이 자유롭지 않았다. 객체지향 UI에서는 사용자에게 가장 중요한 오브젝트 리스트를 가능한 한 빨리 보여줄 수 있다.

페이지 리스트에서는 추가 및 삭제 기능을 넣고, 드래그해서 페이지 순서를 바꿀 수 있게 했다. GUI에서의 이동 처리는 드래그로 하는 것이 자연스럽기 때문이다.

왼쪽 팬에서 페이지를 선택하면 오른쪽 팬에 해당 상세 내용을 싱글 뷰로 표시한다. 싱글 뷰에서는 '설정'과 '내용' 2가지가 있으며 탭 상의 컨트롤로 전환할 수 있게 했다.

'사이트'에 관해서는 싱글 뷰를 하나만 준비하기 때문에 왼쪽 팬의 페이지 컬렉션 위에 버튼을 배치해 이를 누르면 오른 쪽 팬에 해당 설정 항목을 표시하도록 했다.

이 예의 포인트

원래 디자인에서는 '페이지의 추가 및 삭제'나 '내용 편집' 등, 이 애플리케이션으로 사용자가 하려는 일이 개별 기능으로 화면 상에 배치돼 있었다. 즉, 프로그램 안에서 실행되는 함수나 쿼리를 그대로 UI로 했던 것이다.

하지만 이렇게 하면 중요한 '사이트'라는 대상물이 시작적으로 드러나지 않는다. 개선 후의 객체지향 UI에서는 페이지의 컬렉션을 리스트로 표시하고, 각각에 '설정'과 '내용'이라는 2가지 요소가 있음을 나타내 '사이트'라는 개념 구성을 눈으로 볼 수 있다. 그래서 사용자가 해당 구조 안을 자유롭게 둘러보고 필요한 부분을 편집해가며 정보 관리를 할 수 있다.

레벨15 출장 신청 · 정산 애플리케이션

이번에는 사원이 출장 신청과 정산을 하는 애플리케이션이다. 애플리케이션의 주요 구성은 '신청', '정산', '대응 필요', '검색'이며, 각각 다음과 같은 사용법이 상정돼 있다.

신청

출장을 계획하고 있는 사원이 행선지, 교통 루트, 일정 등을 입력해 신청하기 위한 화면이다. 내비게이션 메뉴에서 '신청'을 선택하면 바로 이 입력 화면이 표시된다.

신청한 내용은 상사 또는 경리 담당자에게 발송되고 승인/불승인 처리된다.

출장 신청 · 정산			스즈키 타로
신청	정산	대응 필요	검색

신청번호: XYZ-1234-567

제목 [   ]

출발 [   ] [   ] 시
도착 [   ] [   ] 시
목적 [   ]

[신청]

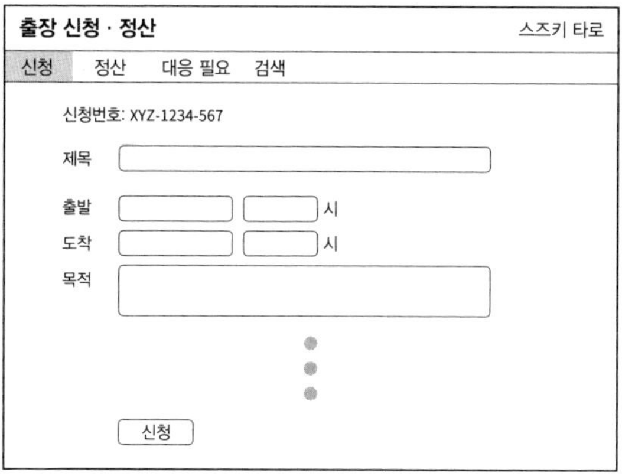

그림 레벨 15–1 신청

정산

출장에서 돌아온 사원이 실제 행동 내용이나 들어간 비용을 입력해 정산하기 위한 화면이다. 내비게이션 메뉴에서 '정산'을 선택하면 바로 이 입력 화면이 표시된다.

제대로 정산하려면 이에 대응하는 신청 번호를 '승인된 신청 번호'에 입력해야 한다.

제출된 정산 내용은 역시 상사와 경리 담당자에게 보내지고 승인/불승인 처리된다.

그림 레벨 15-2 정산

대응 필요 항목

다음 화면에는 사용자가 현재 신청 중인 안건과 미정산 안건이 리스트로 표시된다. 또한 사용자가 승인 권한을 갖고 있는 경우에는 승인 의뢰를 받은 안건도 표시된다.

사용자는 이 화면을 보고 자신의 신청이 승인됐는지, 정산이나 승인할 필요가 있는 안건이 없는지를 확인한다. 정산 작업을 할 경우에는 먼저 이 화면에서 미정산 안건의 신청 번호를 확인하고 이를 정산 화면에서 입력하게 된다.

그림 레벨 15-3 대응 필요 항목

검색

검색 화면에서는 과거에 신청한 안건을 검색할 수 있다. 과거의 신청을 자세히 찾을 수 있도록 여러 가지 조건을 지정할 수 있다.

그림 레벨 15-4 검색

이를 객체지향 UI로 다시 디자인하기 바란다.

힌트

내비게이션 메뉴를 보면 알 수 있듯이 이 애플리케이션은 태스크지향으로 구성돼 있다. 실제 이것은 신청과 정산을 하기 위한 단순한 시스템이므로 메뉴에 '신청'과 '정산'이라는 태스크별 시작 포인트가 마련돼 있는 것이 이치에 맞는 듯 보인다.

다만 그 조작성을 생각해보면 예를 들어 정산을 하려면 대응하는 신청 번호를 먼저 '대응 필요' 화면에서 찾아야 하거나, 신청할 때 최근 실시한 유사한 출장 내용을 찾으려면 일부러 검색 화면에서 찾아봐야 하는 등 문제가 있을 듯하다.

또한 애초 알기 어려운 점이 있는데, 신청이나 정산이 펜딩 상태에 있는 것만 리스트에 표시되기 때문에('대응 필요 항목' 화면) 전체적으로 대상물을 훤히 내다보기 어려워 이 애플리케이션에서 관리하려는 것의 모습을 그리기 어렵다는 점이다. 그러면 이 애플리케이션을 객체지향 UI로 하려면 어떻게 하는 게 좋을까?

해설

현재 상태의 과제 인식

실제 디자인 작업을 다시 하기 전에 개발 벤더 안에서의 과제 인식 및 현행 사용자로부터 수집했다는 희망 사항 리스트를 볼 수 있었다. 거기에는 다음과 같이 적혀 있었다.

벤더의 과제 인식

- 큰 디스플레이에서는 여백이 많아져 레이아웃이 나쁘다.
- 입력란이 작아 태블릿에서 작업하기 어렵다.
- 정보가 많고 이리저리 뒤엉켜 있어 싹 정리하고 싶다.
- 버튼이 눈에 띄지 않아 색으로 분류하는 게 좋다.
- 드래그앤드롭과 같은 직감적인 조작을 할 수 없다.

사용자의 희망 사항

- 툴팁으로 조작 힌트를 주면 좋겠다.
- 항목의 정렬 순서를 커스터마이즈 할 수 있게 해줬으면 좋겠다.
- 재입력하기 쉽게 해줬으면 한다.
- 왔다 갔다 하는 경우가 많으니 간단하게 해줬으면 좋겠다.
- 검색 결과를 저장할 수 있으면 좋겠다.

이를 바탕으로 개발 벤더 안에서는 리디자인 요건을 검토하고 있었다.

예를 들어 큰 디스플레이에서도 쓸데 없는 여백이 생기지 않게 반응형 레이아웃으로 하거나, 태블릿에서도 입력하기 쉽게 입력란을 크게 하거나, 툴팁으로 조작 힌트를 주거나, 표시 항목을 커스터마이즈하는 것이다.

하지만 이 과제 리스트를 잘 보면 먼저 '벤더의 과제 인식'은 전부 UI의 겉모습이나 세부 조작성에 관한 표면적인 것들뿐이다. 애플리케이션 전체의 개념 정리나 내비게이션 구성과 같은 소프트웨어 디자인으로서의 본질적인 부분에 의식이 미치지 않고 있음을 알 수 있다.

한편, '사용자의 희망 사항'을 자세히 보면 그 이면에 UI 디자인상의 본질적인 문제가 숨어 있음을 알 수 있다. 즉, '툴팁으로 조작 힌트를 주면 좋겠다'는 것은 UI의 표현으로부터 그 의미나 사용법을 파악할 수 없기 때문이며, '커스터마이즈 할 수 있게 해줬으면 좋겠다'는 것은 UI상에 보이는 정보나 기능이 이용할 때의 컨텍스트와 매치하지 않기 때문이다. 또한 '재입력하기 쉽게 해줬으면 한다'는 것은 잘못 입력하는 경우가 많기 때문이며, '왔다갔다 하는 경우가 많다'는 것은 내비게이션이 이치에 맞지 않기 때문이며, '검색 결과를 저장하고 싶다'는 것은 작업 중에 검색을 자주 하지 않으면 안 되기 때문인 것이다.

요구 안에 있는 본래 목적에 착안

요구 사항 하나하나를 표면적으로 해결하는 일을 반복하면 해결책 사이에 정합성이 떨어지거나 디자인 요소가 부풀어져 시스템 전체가 점점 더 복잡해진다. 또한 이렇게 해서 만들어진 시스템은 요구마다 화면이나 기능을 마련하게 돼 전형적인 태스크지향 디자인이 되고 만다.

툴팁이 나왔으면 좋겠다는 사용자의 의견에 개발자가 해야 할 일은 툴팁을 나오게 하는 것이 아니라 UI를 더 깊은 부분부터 개선하고, 그 의미나 사용법을 파악할 수 있도록 하는 것이다. 커스터마이즈할 수 있게 해달라는 사용자의 의견에 개발자는 커스터마이즈 기능을 만들 게 아니라 커스터마이즈하지 않더라도 처음부터 사용자의 여러 가지 용도를 서포트하고 사용자 자신이 약간의 노력을 기울여 자신의 컨텍스트와 툴의 성질을 연결할 수 있도록 심플하고 아이디어 있는 디자인을 제공하는 것이다.

이미지로 하면 다음 그림 레벨 15-5와 같이 태스크별로 개별 디자인을 하는 것이 아니라(그림 왼쪽), 각 태스크 안에 있는 공통 요소에 착안해 이를 종단해 관철하는 것을 목표로 디자인한다(그림 오른쪽). 이렇게 하면 심플한 솔루션이면서 여러 컨텍스트에서 의미를 가지며, 확장성에 있어서도 미리 준비된 애플리케이션을 만들 수 있다.

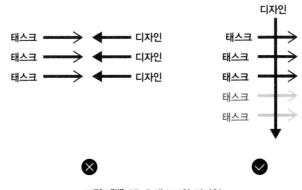

그림 레벨 15-5 태스크와 디자인

이 태스크와 디자인의 교차점이 오브젝트=사용자에게 본질적인 목적이며, 이를 세로로 연결하는 선이 문제 영역의 모형화한 식=도메인 모델이다. 즉, 디자인은 오브젝트끼리의 상속성으로 도메인의 존재 방식을 모델화한 행위인 것이다.

오브젝트 추출

그러면 이번 출장 신청·정산 애플리케이션에서는 현행 UI의 본질적인 문제는 무엇일까? 그것은 오브젝트 추출을 하다 보면 보일 것이다.

오브젝트 추출을 하려면 현행 UI에 있는 명사를 찾지만, 내비게이션에 있는 '신청'과 '정산'은 둘 다 폼 화면을 열기 위한 것이므로, 동사적 의미로 사용되고 있는 단어, 즉 태스크다. 태스크로서는 그 외에 상사나 경리 담당자가 실시하는 '승인'이 있다.

'신청', '정산', '승인'이라는 태스크를 사용자의 역할과의 관계로 보면 다음과 같다.

- 사원: 신청, 정산
- 상사: 신청, 정산, 승인
- 경리: 승인

이 애플리케이션의 현재 UI와 이용 방법에서는 이와 같은 역할과 태스크 관계를 추출할 수 있지만 핵심인 오브젝트가 암묵적으로 돼 있다. 이에 다시 신청, 정산, 승인이라는 태스크의 대상을 생각해보면 이는 전부 '출장'이다.

현행 UI에서의 사용자 역할, 태스크, 오브젝트의 관계를 그림으로 하면 다음과 같다.

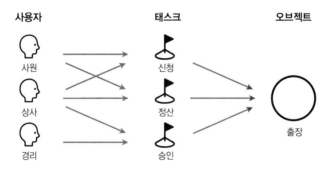

그림 레벨 15-6 사용자 역할, 태스크 끝에 출장 오브젝트가 숨어있다.

즉, 사용자가 작업 대상을 지각할 수 있도록 본래 이 애플리케이션에는 '출장 오브젝트'를 볼 수 있는 형태로 UI에 나타나 있어야 하는 것이다. 하지만 현행 UI에서 '출장'이라는 개념은 사용자 머리 속에만 있을 뿐, 조작 대상으로서 형태를 지닌 '출장 오브젝트'는 화면 어디에도 없다. 이에 가까운 것으로는 '대응 필요' 화면 안에 있는 미정산/신청중/승인 의뢰 항목이 있다. 또한 '검색' 화면에 검색 결과로 표시되는 신청 리스트도 비슷할지 모른다. 하지만 이는 모두 신청/정산/승인이라는 태스크 이력이며(이것도 일종의 오브젝트지만) 본래의 대상인 '출장'을 그대로 나타내는 것은 아니다.

사업체에서 보통 오브젝트(주요한 개념물)는 쉽사리 변하지 않고, 태스크(업무)는 변하기 쉽다. 또한 오브젝트 수는 한정적인데 반해 태스크는 아주 많이 있다.

태스크지향 애플리케이션은 조금 전에 봤던 그림과 같이 사용자에게 태스크를 많이 제시하는 것으로 핵심인 오브젝트가 그림자에 가려 암묵적으로 돼 있다. 즉, UI가 복잡하면서도 일의 목표를 보기 어렵다는 것이다.

UI를 객체지향으로 하려면 숨어 있는 오브젝트를 기반으로 UI를 구성해 애플리케이션을 단순화시켜 업무의 진행 상황을 알기 쉽게 사용자에게 보여줘야 한다. 즉, 다음 그림처럼 사고 방식을 변환한다.

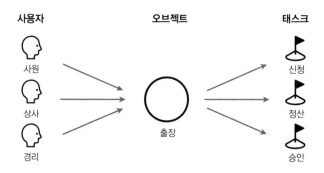

그림 레벨 15-7 출장 오브젝트를 기반으로 UI를 구성한다.

뷰와 인터랙션 검토

UI로서의 목표는 어떤 역할의 사용자가 보더라도 먼저 '출장 오브젝트'를 리스트로 볼 수 있게 하는 것이다. 그리고 사용자는 해당 리스트에서 원하는 '출장'을 찾아 신청, 정산, 승인할 수 있게 한다.

254

이를 위해 출장 오브젝트는 프로퍼티로 '신청중', '신청 완료', '미정산', '정산 완료'라는 상태status를 갖는다(프로퍼티의 규정치도 일종의 오브젝트로 나타낼 수 있다). 원래 디자인에서는 사용자는 상태별로 서로 다른 화면에서 볼 수 있었지만, 새로운 디자인은 이를 하나의 오브젝트의 상태 차이라고 표현한다.

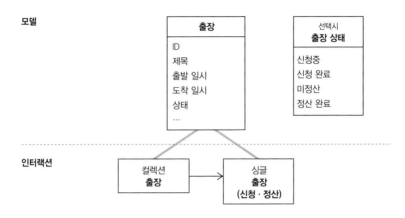

그림 레벨 15-8 뷰와 인터랙션 검토

레이아웃 패턴 적용

출장 오브젝트 리스트를 전면에 내세운 형태로 2팬 레이아웃 패턴에 적용한 이미지가 다음 그림이다.

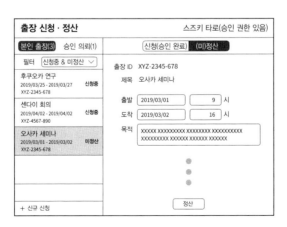

그림 레벨 15-9 레이아웃 패턴 적용

이 디자인에서는 먼저 화면 왼편에 '출장'의 컬렉션 뷰가 있다. 그리고 화면 오른편은 현재 선택 중인 출장을 상세 표시하는 싱글 뷰로 돼 있다. 애플리케이션이 나타내야 할 본래 업무의 대상이자 원래 UI에서는 암묵적이었던 '출장'이라는 개념을 전면에 내세우고 있다.

원래 디자인은 '신청'과 '정산'을 위한 폼 화면이라는 정형적인 작업을 사용자에게 강요만 하는 표현이었던 것에 반해, 새로운 디자인은 '출장'이라는 대상물을 놓고 하나의 장소에서 신청하거나, 정산하거나, 승인하는 일종의 지적 생산의 장으로 만들었다.

업무에 맞게 하면서 컨텍스트에 오브젝트로 형태를 부여하고자 출장 컬렉션 뷰의 표시 내용은 상태마다 필터링할 수 있도록 한다. 또한 출장 싱글 뷰는 신청 내용과 정산 내용을 같은 곳에서 전환해 표시할 수 있도록 했다.

게다가 역할 특유의 기능을 보면 상사나 경리 담당자에게는 승인 대기 중인 신청/정산 안건 리스트를 추가하고, 여기서 승인 또는 반려 액션을 취할 수 있도록 했다.

이와 같이 원래 태스크지향 디자인에서는 '할 일'별로 화면을 준비했던 것을 객체지향 UI의 이론에 따라 '출장'이라는 메인 오브젝트를 한 화면에 집약해 다루고, 여기에 리스트, 상세 및 액션용 버튼 등을 배치하는 형태로 했다.

이 예의 포인트

복잡한 시스템은 아니지만 원래 디자인의 불합리성을 파악하고, 본래의 메인 오브젝트인 '출장'이라는 개념을 추출하기 위해 각 태스크의 의미를 파악하고 태스크가 공통으로 대상화하고 있는 것을 되살려올 필요가 있다.

그리고 이 메인 오브젝트를 추출하고 나면 이를 기반으로 컬렉션 뷰와 싱글 뷰를 레이아웃 한다. 이때 태스크가 가지고 있는 요구 사항, 즉 신청이나 정산같은 작업을 효율적으로 서포트하기 위해 이를 오브젝트의 상태로 취급하고, 거기서부터 컬렉션의 필터링 및 역할별 표시 전환에 반영한다. 이렇게 함으로써 태스크지향 UI가 객체지향으로 바뀌었다.

레벨16 **계약 관리 애플리케이션**

다음 그림은 어떤 계약 관리 애플리케이션의 개선 전 디자인이다. 왼편의 메뉴에는 '신규 신청', '변경 신청', '해약 신청', '승인', '계약 조회'라는 항목이 나열돼 있다. 이는 모두 '할 일'을 동사형으로 나타낸 말로, 이 UI가 태스크지향으로 설계돼 있음을 알 수 있다.

그림 레벨 16-1 계약 관리 애플리케이션의 탑 화면

메뉴 항목은 각각 정해진 태스크를 하기 위한 위저드 시작 포인트며, 다음의 그림 레벨 16-2와 같이 전부하면 12화면이나 된다.

이를 객체지향 UI로 다시 디자인하기 바란다.

신규 신청

변경 신청

계약 신청

승인

승인자 코맨트 란

계약 조회

그림 레벨 16-2 계약 관리 애플리케이션의 플로우

힌트

태스크지향의 업무 애플리케이션에서는 태스크끼리 비슷한 검색이나 리스트가 등장하는 일을 자주 볼 수 있다. 사용자는 지금 자신이 무슨 태스크를 하고 있는지(어떤 시작 포인트로 들어왔는지) 의식하면서 대상물을 선택하고 확정해야 한다. 이러한 형식적인 흐름에서는 사용자가 일의 대상 자체가 아니라 강요된 절차에 주의를 기울여야 하기 때문에 스트레스를 받는다.

메뉴 항목에는 '승인'이라는 태스크가 있다. 이는 신청한 계약 내용을 상사가 승인하기 위한 것으로 그 권한을 가진 사용자에게만 표시된다.

또한 메뉴에는 '계약 조회'라는 항목이 있다. 이는 유스 케이스(use case)로서 사용자가 특정 계약 내용을 단순히 참조할 뿐 변경 등은 하지 않는 경우가 많기 때문이다.

해설

오브젝트 추출

우선 이 시스템의 주요 오브젝트는 '계약'이다. 이는 '신규 신청', '변경 신청', '계약 신청', '승인', '조회'라는 태스크 전부 '계약'이라는 개념에 대해 이뤄지는 것을 보면 알 수 있다.

계약

그림 레벨 16-3 오브젝트 추출

뷰와 인터랙션 검토

뷰와 인터랙션은 다음 그림과 같다.

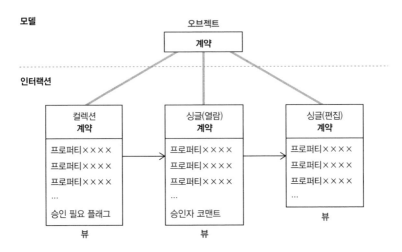

그림 레벨 16-4 뷰와 인터랙션 검토

객체지향 UI 설계의 이론에 따라 먼저 주요 오브젝트 리스트가 필요하다. 이 경우 계약 오브젝트의 컬렉션 뷰다. 그리고 거기에서부터 사용자가 1건을 선택해 볼 수 있는 계약 오브젝트의 싱글 뷰도 필요할 것이다.

이 시스템에서는 특정 계약 내용을 확인만 하는 경우와 내용을 변경하거나 새로 만들어 상사에게 신청하는 경우가 있다. 그래서 계약 오브젝트의 싱글 뷰는 '열람용'과 '편집용' 두 가지가 필요하다. 이 두 가지는 사용자의 편집 의사에 따라 전환할 수 있으면 좋을 것 같다.

편집 기능이 있는 싱글 뷰는 일반적으로 오브젝트의 신규 작성 화면으로도 유용할 수 있다. 그래서 계약 오브젝트의 편집용 싱글 뷰는 신규 계약 신청을 위한 뷰로도 쓸 수 있게 하겠다.

승인 권한이 있는 상사는 계약 리스트 중에서 '승인 대기' 건을 알아야 하기 때문에 컬렉션 뷰에는 승인 필요 플래그 같은 것이 있으면 좋을 듯하다. 또한 개선 전의 승인용 화면에 있었던 대로 참조용 싱글 뷰에는 승인 권한이 있는 상사가 봤을 때만 승인자 코멘트란을 표시하도록 한다.

컨트롤러의 기능

이 책에는 지금까지 인터랙션 레이어 그림으로 뷰를 나타내는 사각형과 호출 관계를 나타내는 화살표를 사용해왔다. 하지만 앞에서 말했듯이 객체지향 UI 설계 메소드에서의 모델링 기법은 다양한 고민의 여지가 있어서 얼마나 세세하게 표현할지 또는 범위를 어떻게 잡을지 그때마다 필요한 정보의 성질에 따라 판단해도 좋다.

이번 예에서는 추상도를 실제 구축에 가깝게 해 각 뷰에 대한 '컨트롤러'의 존재를 적어본다(그림 레벨 16-5).

소프트웨어 설계에서 컨트롤러란 일반적으로 여러 개의 오브젝트를 제어하는 역할을 맡는 오브젝트를 말한다. 예를 들어 GUI 구축의 기본 디자인 패턴인 Model-View-Controller에서 컨트롤러는 사용자로부터의 입력을 제어 명령으로 변환해 모델 오브젝트(데이터와 절차)에 건네거나 뷰 오브젝트(표시 요소)끼리의 관계를 정리한다.

GUI 구축에서는 하나의 화면이나 하나의 팬(화면을 2~4로 나눈 구획)에 해당 영역의 뷰를 제어하기 위한 컨트롤러 오브젝트를 두는 경우가 많다. 이러한 컨트롤러는 사용자로부터 입력을 받아 모델을 업데이트(갱신)하고 그 결과를 뷰의 상태 변화로 반영할 때 제어에 들어간다.

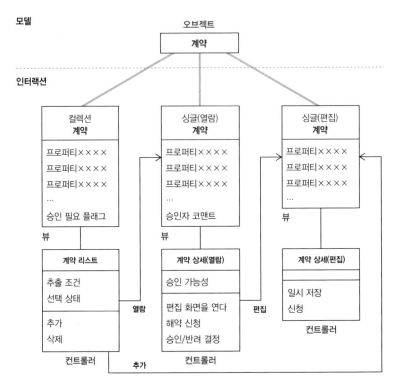

그림 레벨 16-5 각 뷰에 대한 컨트롤러

이번 인터랙션 레이어 그림에서는 실제 구축 이미지를 염두에 두고 계약 오브젝트의 컬렉션 뷰, 싱글 뷰(열람용), 싱글 뷰(편집용) 각각에 컨트롤러를 뒀다.

예를 들어 컬렉션 뷰에는 표시하는 항목을 데이터베이스에서 꺼내는 조건이나, 리스트에서의 현재 선택 상태가 컨트롤러의 프로퍼티로 유지된다. 또한 항목(계약 오브젝트)을 새로 추가하거나 기존 항목을 삭제하는 액션은 컨트롤러가 실행한다.

싱글 뷰에서는 마찬가지로 승인용 표시요소를 내보낼지 말지와 신청이나 저장 처리 등 뷰에 관한 프로퍼티와 액션을 해당 컨트롤러가 제어한다.

컬렉션 뷰에서는 사용자가 원하는 계약을 찾을 수 있도록 검색 기능이 있어야 하기 때문에 컨트롤러에게는 해당 조건을 특정하기 위한 '추출 조건' 및 리스트에서의 항목 '선택 상태'를 프로퍼티로 갖게 했다. 또한 리스트에 대한 액션으로 계약 '추가' 및 '삭제'를 할 수 있게 한다.

열람용 싱글 뷰의 컨트롤러에게는 사용자의 승인 권한 유무에 따라 표시 내용을 변경하기 위해 '승인 가능성' 프로퍼티를 줬다. 또한 액션으로는 편집 화면으로 전환할 수 있게 '편집 화면을 연다', 해약을 신청하기 위한 '해약 신청', 상사 전용의 '승인/반려 결정' 기능을 준다.

편집용 싱글 뷰에서는 내용을 변경한 계약을 신청하기 위한 '신청' 기능이 필요하다. 또한 개선 전 UI를 따라 여기에는 '일시 저장' 기능도 갖게 했다.

레이아웃 패턴 적용

모델링 결과를 구체적인 화면 레이아웃에 적용시킨 것이 그림 레벨 16-6이다.

여기서는 컬렉션 뷰와 싱글 뷰를 좌우에 나열하는 패턴을 사용해 사용자가 차례로 내용을 확인하면서 원하는 계약을 찾을 수 있도록 했다.

사용자가 계약 '변경' 버튼을 눌렀을 때, 또는 리스트에 있는 '신규' 버튼을 눌렀을 때에는 싱글 뷰 부분의 팬을 편집용 폼으로 바꾼다.

이 예의 포인트

이번 예에서는 인터랙션 레이어 그림에 '컨트롤러'를 명시하고 실제 구축용 설계에 가깝게 표현해봤다. 실제로 움직이는 프로토타입을 만드는 경우에는 이와 같은 기법을 사용해 뷰끼리의 처리 관계를 실제 구현 시점에서 구체화해 가면 좋을 것이다.

UI 내용은 객체지향 UI의 기본 이론에 따라 '계약' 오브젝트 리스트를 처음부터 보여줬고 거기서 선택한 것을 옆쪽 팬에 표시하게 했다. 그 결과 개선 전에 12화면이나 있었던 시스템이 합리적으로 작업 전체를 파악할 수 있는 싱글 페이지 애플리케이션이 됐다.

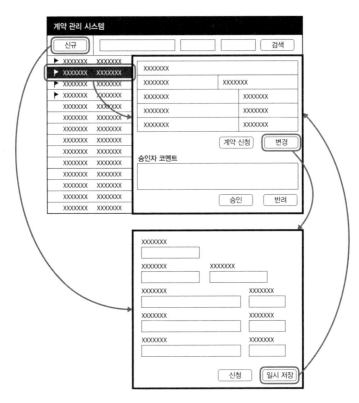

그림 레벨 16–6 레이아웃 패턴 적용

레벨17 **통화 환산 애플리케이션**

많은 시스템, 예를 들어 고객 관리 시스템이라면 '고객', 프로젝트 관리 시스템이라면 '프로젝트' 등 주요한 오브젝트는 그 자체로 명백해 바로 추출할 수 있다. 한편, 비교적 단순한 시스템일지라도 사용자 요구가 특정 태스크에 크게 의존하고 있는 경우 오브젝트가 암묵적이어서 추출하기 어려울 때가 있다.

예를 들어 다음 그림은 환율 계산을 위한 간단한 애플리케이션이다. 달러를 엔으로 환산한다는 특정 태스크만을 실행하는 것으로 절차화해 표현하고 있기 때문에 오브젝트가 명시적이지 않다.

환율 계산	미국 달러	최근 거래 환율	일본 엔
USDJPY=X	1	110.780000	110.78

환율 계산 [1] [미국 달러 ▼] 를 [일본 엔 ▼] 으로 [계산]

그림 레벨 17-1 통화 환산 애플리케이션

이러한 UI는 조작을 땜질식으로 미니 위저드와 실행 버튼으로 선형화한 정형화해 표현했기 때문에 더 GUI답게 개선할 수 있을 것이다.

이를 객체지향 UI로 다시 디자인하기 바란다.

힌트

땜질식 미니 위저드는 사용자의 조작을 선형으로 해석하는 것이다. 객체지향 UI는 사용자가 원하는 곳부터 원하는 순서대로 조작할 수 있는 것이다. 환율 계산을 더 자유롭게 조작할 수 있게 하려면 어떻게 해야 할까?

해설

태스크지향인 기존 UI에서 암묵적으로 존재하는 오브젝트를 추출하는 한 가지 방법은 해당 절차 안의 입출력 정보에 주목하는 것이다.

오브젝트 추출

환율 계산 예에서는 다음 그림처럼 입출력되는 정보로 '1. 계산 전 통화 금액', '2. 계산 전 통화의 종류', '3. 계산 후 통화의 종류', '4. 계산 후 통화 금액'이 있다.

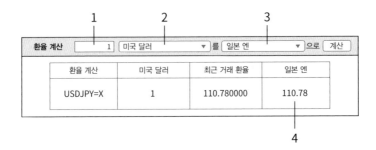

1. 계산 전 통화 금액
2. 계산 전 통화의 종류
3. 계산 후 통화의 종류
4. 계산 후 통화 금액

그림 레벨 17-2 오브젝트 추출

'1. 계산 전 통화 금액', '2. 계산 전 통화의 종류', '3. 계산 후 통화의 종류', '4. 계산 후 통화 금액'이라는 입출력 정보의 공통점을 보면 다음 그림과 같이 1과 2에는 '계산 전 통화'라는 개념이 있으며, 3과 4에는 '계산 후 통화'라는 개념이 있다.

또한 '계산 전 통화'와 '계산 후 통화'는 둘 다 '통화'라는 개념으로 일반화할 수 있다.

266

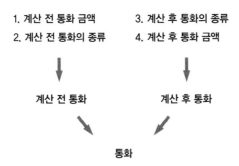

1. 계산 전 통화 금액　　　3. 계산 후 통화의 종류
2. 계산 전 통화의 종류　　　4. 계산 후 통화 금액

계산 전 통화　　　　　계산 후 통화

통화

그림 레벨 17-3 환산 계산에 입출력 되는 정보

여기서 객체지향 UI로 된 환산 계산 앱을 디자인하기 위해 우선 '통화'라는 오브젝트를 세워보자.

모델

오브젝트

그림 레벨 17-4 통화 오브젝트를 추출했다.

뷰와 내비게이션 검토

기존 UI를 보면 알 수 있듯이, 다음 그림과 같이 통화에는 '종류'와 '금액'이라는 프로퍼티가 필요하다.

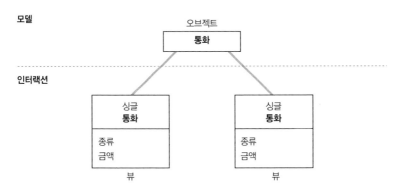

그림 레벨 17-5 종류와 금액을 통화의 프로퍼티로 추출

통화 오브젝트는 기존 UI를 참고하면 적어도 '계산 전'와 '계산 후'라는 2가지 뷰로 동시에 보이는 편이 좋을 것이다. 그리고 각각의 '종류'와 '금액'이라는 프로퍼티가 보여야 한다.

2가지 '통화' 뷰는 어떤 식으로든 관계가 있을텐데, 어떤 관계성일까?

한 통화를 다른 통화로 환산하는 것은 둘 사이에 환율이 특정돼 있어야 한다. 그리고 해당 환율을 사용해 계산 전과 계산 후의 통화가 등가가 되도록 금액이 갱신된다.

그러면 다음 그림과 같이 한쪽 뷰에서 실행했던 조작이 트리거가 돼 다른 한쪽의 프로퍼티를 변경하는, 양쪽을 연결하는 컨트롤의 역할이 보인다.

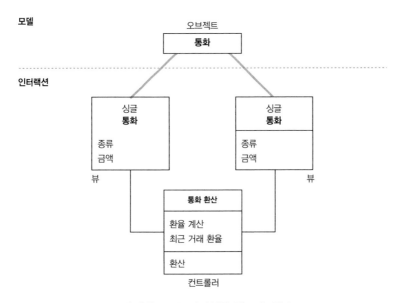

그림 레벨 17-6 2가지 뷰를 잇는 컨트롤러

프레젠테이션 디자인

통화 오브젝트를 표상한 2가지 뷰 사이를 하나의 컨트롤러가 연결하고 있는 인터랙션 디자인을 프레젠테이션에 반영하면 실제 UI는 다음 그림의 통화 위젯 (Mac의 대시보드)처럼 된다.

그림 레벨 17-7 통화 위젯

이 UI에서는 2가지 '통화' 오브젝트의 뷰가 좌우로 배치돼 있다. 그리고 그 어느 쪽인가의 '종류' 혹은 '금액'을 변경하면 좌우가 등가가 되도록 다른 한 쪽의 값이 변경된다.

이 UI에는 선형적인 입력 절차나 실행 버튼은 없다. 사용자는 통화 환산 태스크 라는 절차를 의식하지 않고 등가가 되려는 2가지 통화 오브젝트를 직접 조작하면 된다.

이 예의 포인트

단순한 환율 기능만을 가진 작은 애플리케이션이라도 이처럼 객체지향으로 디자인할 수 있다.

기능이 단순할수록 애플리케이션은 태스크지향이 된다. 또한 이번과 같이 입력해야 하는 정보가 여러 개면 조작이 절차적이 되고 GUI다운 자유로운 사용이 불가능해진다. 애플리케이션이 하나의 태스크를 기반으로 만들어진 경우, 오브젝트는 암묵적이 된다. 거기에서 오브젝트를 제대로 추출하기 위해서는 이번처럼 입출력 절차를 단계적이고 의미적으로 분해해 태스크 대상이 되는 원래의 개념을 찾아낼 수 있다.

또한 이 때 사용자의 용도에 맞는 뷰(환산 전과 환산 후)를 내세우고, 이를 서로 연결하는 컨트롤러의 역할을 명시하면 전체의 설계 취지를 나타낼 수 있다.

레벨18 판매 실적 조회 애플리케이션

어떤 회사의 사내에서 사용하기 위한 업무 애플리케이션을 기획하려 한다. 영업 사원이 자신의 판매 실적을 조회하는 데 사용할 앱을 생각하기 바란다. 이 회사에서는 100종류의 상품을 판매하고 있다. 상품은 5가지의 상품 카테고리로 분류할 수 있다. 영업 사원은 사전에 로그인하기 때문에 시스템은 현재 사용자가 누구인지 알고 있다고 전제한다. 이 애플리케이션을 사용해 영업 사원은 다음 업무를 해야 한다.

1. 과거 특정 년월에 자신의 월별 판매액을 안다(예: 2020년 1월의 자신의 판매 금액은 얼마인가?).

2. 과거 특정 연월에 자신이 판 상품의 월별 판매액 랭킹을 본다(예: 2020년 1월에 자신이 가장 많이 판 상품은? 2번째는?).

3. 과거 특정 연월에 자신이 판매한 특정 카테고리에 속한 상품이 무엇인지를 안다(예: 2020년 1월에 판매한 상품 중에서 카테고리 A에 속한 상품은 무엇과 무엇인가?).

이와 같이 어느 정도 구체적인 사용자의 할 일(구축해야 할 기능 요건)이 정해져 있는 경우, 많은 설계자들은 각각의 요건을 독립적인 태스크 플로우로 생각하고 만다. 그 결과 다음과 같은 화면이 만들어진다.

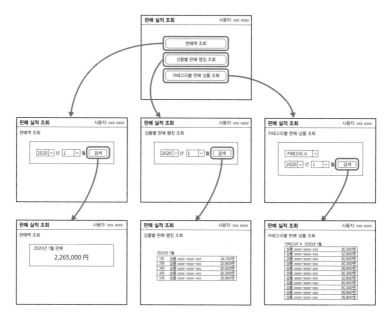

그림 레벨 18-1 판매 실적 조회 애플리케이션의 플로우

이것을 객체지향 UI로 다시 디자인하기 바란다.

힌트

이미 알고 있겠지만 이것은 전형적인 태스크지향 UI로 맨 처음에 '할 일'을 고른 후 할 일별로 화면을 옮겨간다. 이와 같은 태스크지향 디자인에서는 작업이 여러 개의 위저드로 나눠져 있어 같은 기능을 가진 컨트롤러나 '비슷하지만 조금씩 다른' 화면이 산재해 있다. 1, 2, 3 태스크에 딱 들어맞는 UI이지만, 전체적으로 통일성이나 합리성 결여돼 부자연스럽게 느껴진다. 또한 화면 수도 많아져(7화면) 작업을 반복하거나 다른 작업으로 이동하기 어렵게 돼 있다.

해설

오브젝트 추출

객체지향 UI이니 오브젝트 추출을 제일 먼저하자. 앞서 말한 요건 중에서 오브젝트가 될 만한 '명사'에 주목해보자. 그러면 '월별 판매액', '상품', '카테고리'라는 3가지를 추출할 수 있다(어디까지나 앞에서 본 요건만을 단서로 삼고 있으므로 판매액은 월별만으로 조회할 수 있으면 된다).

그림 레벨 18-2 오브젝트 추출

다음은 '월별 판매액', '상품', '카테고리'라는 3가지 오브젝트를 어떻게 뷰로 나타낼지 생각한다.

뷰와 내비게이션 검토

먼저 요건 중에 공통적으로 사용할 수 있는 컬렉션 혹은 싱글 뷰가 없을지 살펴보자. 2와 3 모두에서 '상품 리스트'를 구하고 있으므로 '상품' 오브젝트의 컬렉션 뷰가 필요하다는 것을 알 수 있다. 그리고 해당 컬렉션에 대해 '연월을 지정하는 기능', '카테고리를 지정하는 기능', '각 상품의 판매액 표시'가 있으면 2와 3의 요건은 하나의 컬렉션 뷰로 충분하다는 것을 알 수 있다. 단, 2에서는 카테고리를 지정할 필요가 없기 때문에 카테고리 선택지에는 '모든 카테고리'를 넣어둬야 한다.

상품 오브젝트의 컬렉션 뷰로 2와 3의 요건이 충족되면 1의 요건에서는 월별 판매액 합계를 알면 좋겠지만, 상품의 컬렉션 뷰에서는 연월을 지정하는 기능이 있으므로 여기에 월 합계 금액 표시가 있으면 1의 요건도 충족할 수 있다.

이를 종합적으로 생각하면 1, 2, 3의 요건은 하나의 상품 컬렉션 뷰로 충족된다.

'월별 판매액'이나 '카테고리' 오브젝트는 개별 컬렉션 뷰나 싱글 뷰로 표시할 필요가 없으므로 상품 오브젝트의 프로퍼티로서 상품 컬렉션 뷰 중에 포함시켜 표시하면 좋을 것이다.

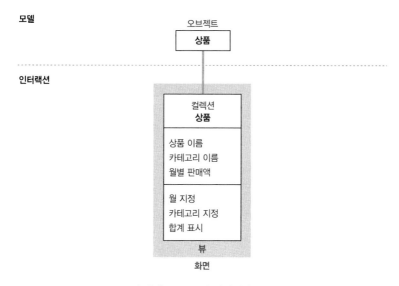

그림 레벨 18-3 뷰와 내비게이션 검토

레이아웃 패턴 적용

지금까지 검토한 것을 화면으로 디자인하면 그림 레벨 18-4와 같다.

이 디자인에서는 1, 2, 3을 개별 태스크로 파악하지 않고 상품이라는 오브젝트 리스트에 부여하는 표현 또는 필터링 기능으로 보고 있다. 객체지향으로 UI를 설계한다는 것은 요건 중에서 오브젝트를 추출하고 해당 오브젝트를 조작 대상으로서 화면에 배치하는 것이다. 그 결과 단 하나의 화면으로 요구를 충족할 수 있게 됐다. 태스크지향 디자인과 비교해 화면 수는 1/7로 줄고 조작도 효율적이 됐다.

이 예의 포인트

업무 애플리케이션 개발은 먼저 업무 분석을 하고, 태스크를 자세하게 특정한다. 그 자체는 좋지만 하나하나의 태스크를 선형 절차로 파악해 화면 전이로 반영하면 낭비가 많고 융통성이 없는 태스크지향 UI가 된다.

객체지향 UI에서는 태스크 중에 공통적으로 등장하는 오브젝트를 추출해, 이를 기반으로 일원적인 조작 체계를 만든다. 또한 필요에 따라 업무에 맞는 형태로 오브젝트의 컬렉션을 필터/소트할 수 있게 해 체계로서의 통일성과 업무로서의 작업 효율을 양립시킬 수 있다.

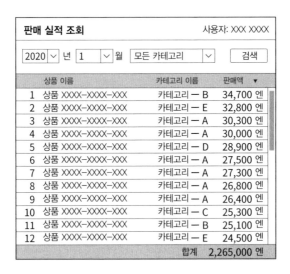

그림 레벨 18-4 레이아웃 패턴 적용

6

객체지향 UI의 철학

6장에서는 객체지향 UI의 배경에 있는 사상이나 역사적인 경위를 설명한다.

오브젝트라는 단어가 가진 뉘앙스, 객체지향이라는 컨셉의 세계관, GUI의 기원과 발전, 모달리스의 중요성 그리고 객체지향 UI가 지금까지 어떻게 이론화했는지와 같은 내용을 통해 객체지향 UI 디자인이 하나의 수법에 머무르지 않고 사람과 컴퓨터의 더 풍부하고 의미 있는 존재 방식을 제안하는 철학임을 알 수 있을 것이다.

6-1 오브젝트의 본뜻

객체지향 UI란 오브젝트를 단서로 삼아 설계한 UI다. 그러면 대체 오브젝트란 무엇인가?

오브젝트는 한국어로 표현하기 무척 어려운 단어다. 영한 사전을 보면 물체, 대상, 목적, 목표, 객관, 객체 등의 의미가 실려 있다. 한국어로는 이와 같이 여러 단어로 돼 있지만, 오브젝트의 어감에는 이 모든 것이 하나로 뭉쳐져 있다.

오브젝트의 어원을 살펴보면 'ob-'와 '-ject'로 나눠진다. 'ob-'란 'toward, to, on, over, against'와 같은 의미로, '그 쪽에 대해'와 같은 뉘앙스다. '-ject'란 'throw'로, '던지다'라는 뉘앙스다.

즉, 'object'의 어원 뉘앙스는 '그 쪽으로 던지다'가 된다. 그림 6-1-1과 같이 주체인 내가 있고, 그 앞에 객체로서의 무언가가 던져지는 느낌이지 않을까 싶다. 영화 등의 재판 씬에서 '오브젝션(이의 있음)'이라 말하는 것도 어떤 주장에 이의를 던진다는 구도일 것이다.

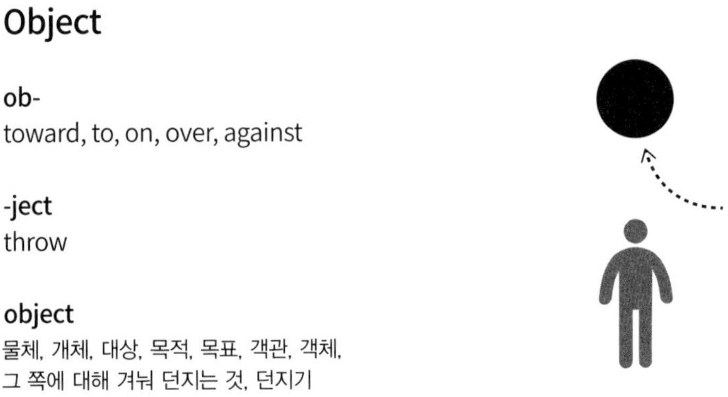

Object

ob-
toward, to, on, over, against

-ject
throw

object
물체, 개체, 대상, 목적, 목표, 객관, 객체,
그 쪽에 대해 겨눠 던지는 것, 던지기

그림 6-1-1 오브젝트의 본뜻

오브젝트는 한국어로 하기 어렵기 때문에 앞에 '오브젝트'라는 단어가 나오면 머릿속으로 무리하게 한국어로 번역하지 말고 이 그림의 느낌을 떠올려 주기 바란다. 이 검은 동그라미가 오브젝트이다.

그런데 객체지향이라 할 때 '오브젝트'를 한국어로 번역할 경우, '물체'나 '대상'이라는 단어가 많이 쓰인다. 하지만 객체지향의 컨셉을 고려했을 때 '객체'가 적절하다고 생각한다. 객체지향이란 시스템을 디자인할 때 주체(지각하는 사람)가 아니라 객체(지각되는 것)을 모델화하는 데 본질이 있기 때문이다.

6-2 **객체지향**

객체지향은 오브젝트에 눈을 돌린 넓은 의미의 디자인 기법으로 프로그래밍 세계에서 태어났다.

최초의 객체지향 프로그래밍 언어는 1962년에 만들어진 Simular라는 것이지만 '객체지향'이라는 단어를 최초로 쓴 것은 1970년대의 Xerox의 팔로알토 연구소에서 PC의 원형을 만든 앨런 케이로 알려져 있다.

1972년 Smalltalk, 1979년 C++ 등 객체지향 프로그래밍은 여러 방향성을 지니면서 발전했으며 현재는 메이저 프로그래밍 언어의 대부분이 객체지향의 사고 방식을 도입하고 있다.

객체지향 프로그래밍OOP, Object-Oriented Programming은 데이터와 동작 세트를 기본 요소로 해 이의 상호 작용에 따라 처리하는 것이다. 이는 복잡한 소프트웨어 개발을 효율화/고도화하기 위해 고안된 구조로 '오브젝트'라는 개념을 기반으로 한 프로그래밍 패러다임이다.

객체지향 프로그래밍에서는 데이터와 동작이 패키지로 돼 있다. 그래서 처리에 필요한 데이터와 동작을 따로따로 관리하거나 호출할 필요가 없어지는데, 이 패키지를 오브젝트라고 부른다. 객체지향 프로그램에서는 수많은 작은 오브젝트 집합이 상호작용하는 것으로 커다란 구조체를 움직인다.

클래스와 인스턴스

객체지향 프로그래밍에서는 일반적으로 오브젝트의 타입을 '클래스'라고 부른다. 클래스는 오브젝트의 기반이 되는 관념적인 존재다. 이 클래스에서 실체적인 오브젝트인 '인스턴스'를 생성한다(그림 6-2-1).

예를 들어 프로그램 안에 '자동차' 오브젝트를 등장시키고 싶으면 우선 그 타입인 '자동차 클래스'를 만든다. 자동차라는 관념에는 '차종, 차체의 색, 주행 거리와 같은 속성이 있을 것이다. 이를 '자동차'의 프로퍼티라 부른다. 또한 '자동차'에는 달리거나, 돌거나, 멈추거나 하는 행동이 상정될 것이다. 이것이 '자동차'의 동작이다.

프로그램 안에서 실제로 자동차를 움직이려면 '자동차 클래스'에서 실체인 '자동차 인스턴스'를 생성한다. 이때 각 프로퍼티에 '차종= 웨건 버스', '차체의 색=초록색', '주행거리=15만km'라는 구체적인 값(데이터)을 부여한다.

하나의 클래스에서 값이 다른 여러 개의 인스턴스를 만들 수 있지만 가지고 있는 동작은 공통된 것으로 생각한다.

생성한 '자동차'의 인스턴스는 모든 자동차의 공통 동작인 '달린다'를 할 수 있다. 각 인스턴스의 '달린다'라는 동작을 호출하면 자동차는 달리기 시작하고, 이에 따라 '주행 거리'라는 프로퍼티가 업데이트될 것이다.

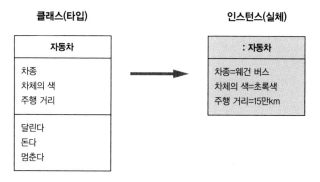

그림 6-2-1 클래스와 인스턴스

먼저 전체를 아우르는 일반 클래스를 만들고 여기서 개별인 인스턴스를 만든다. 이 사고 방식으로 객체지향 프로그래밍에서는 복잡한 소프트웨어 세계의 구성 요소를 효율적으로 구축한다.

일반에서 개별을 만든다는 '클래스 → 인스턴스'의 생성 순서는 고대 그리스 철학 자인 플라톤의 이데아론과 매우 비슷하다.

이데아론

이데아론이란 사물의 존재 방식은 해당 사물에 대한 이데아(관념/진리/본질)에 의 해 규정된다는 사고 방식이다(그림 6-2-2).

이데아론에서는 동굴의 비유가 유명하다. 우리가 살고 있는 세계는 동굴 안이며, 여기서 나갈 수 없다는 것이다. 동굴 밖에는 진실의 세계(이데아 세계)가 있지만, 우리는 직접 볼 수 없으며 우리가 보고 있는 것은 전부 이데아의 그림자에 지나 지 않는다는 것이다. 이데아란 영어에서 말하는 '아이디어'를 말한다.

모든 것에는 본래의 모습=이데아가 있고, 거기에서 개별적인 것이 생겨난다. 일 반(이데아, 관념, 추상, 형, 진리, 본질, 류)에서 개별(개체, 구상, 물질, 감각, 이상, 형질, 양태) 이 나타난다.

예를 들어 연필로 '삼각형'을 그린다고 하자. 하지만 이를 확대해서 자세히 보면 모서리는 진짜 모서리가 아니라 둥글게 돼 있고, 선도 구부러져 있을지도 모른다. 또한 지우개로 지우면 없어져 버리고, 종이를 둘둘 말아 쓰레기통에 버릴 수도 있다. 하지만 '삼각형'이라는 관념은 굽거나 사라지지 않는다. 즉, 종이 위에 보이는 삼각형은 진짜 삼각형이 아니라 삼각형의 하나의 사례 = 인스턴스에 지나지 않는 것이다.

일반

이데아, 관념, 추상,
형, 진리, 본질, 류

개별

개체, 구상, 물질,
감각, 현상, 형질, 양태

그림 6-2-2 플라톤의 이데아론

우리는 진짜 삼각형을 볼 수 없다. 그럼에도 우리는 '삼각형'을 알고 있다. 이와 같이 우리는 개념을 갖고 공유할 수 있다. 동굴 밖의 세계인 이데아를 우리는 항상 느끼고 있는 것이다.

앨런 케이 등과 함께 Smalltalk를 개발한 댄 잉걸스[Daniel H. H. Ingalls]에 따르면 Smalltalk의 컨셉은 사람과 사람이 커뮤니케이션할 때 지각되는 현재적인 입출력 모델과 잠재적으로 공유되는 정신 레벨의 모델 모두를 서포트하는 것이었다고 한다. 현재적인 입출력이란 실제로 발생해 지각되는 말이나 움직임을 말한다. 잠재적인 입출력이란 두 사람이 공유하고 커뮤니케이션의 문맥을 만드는 문화와 경험이다. 컴퓨터가 이러한 커뮤니케이션 모델을 가질 수 있으면 대화를 나눌 수 있는 존재가 될 수 있다고 생각했던 것이다(그림 6-2-3).

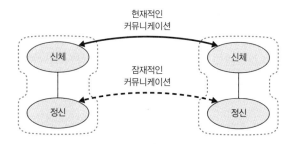

출처: 댄 잉갤스 「Design Principles Behind Smalltalk」
(BYTE Magazine, August 1981, The McGraw Hill Companies, Inc)

그림 6-2-3 잉갤스가 말하는 현재적인 입출력과 잠재적인 입출력 모델

> 66 분류는 '다움'답다의 실체화다. 바꿔 말하면, 어느 사람이 의자를 봤다고 하면 그 경험은 문자 그대로 '의자 자체'와 추상적으로 '의자다운 것' 모두로 받아들여진다.
> 이처럼 추상 개념은 '비슷한' 경험을 병합하는 정신의 불가사의한 능력에서 비롯되며, 이 추상 개념은 정신 안에서는 실제의 구체적인 것과 다른 '것'으로 나타난다. – 플라토닉 의자, 혹은 의자다움으로 말이다. 99

댄 잉갤스 「Design Principles Behind Smalltalk」(BYTE Magazine, August 1981,
The McGraw Hill Companies, Inc)

GUI에서의 오브젝트

클래스와 인스턴스의 관계가 GUI의 화면에 어떻게 반영될지 간단한 예를 보자.

GUI 화면에 반영된 클래스와 인스턴스

예를 들어 'Document'라는 관념이 있어 클래스로 존재한다고 하자(그림 6-2-4). Document에는 Title, Content, Date라는 프로퍼티가 있다. 또한 Close, Save, Print라는 동작이 있다.

Document 클래스에서 인스턴스를 생성하면 서류의 윈도우로 화면상에 나타난다. 그리고 거기에는 구체적인 'Title=Test Note', 'Content=Hello world.', 'Date=Feb 22, 2020'이라는 속성 값을 줄 수 있다. 메뉴를 열면 Document 클래스가 갖고 있는 Close, Save, Print라는 동작이 보인다.

GUI는 오브젝트의 집합

GUI 애플리케이션은 수백 수천의 오브젝트의 집합이다. 예를 들어 iOS 앱에 있는 버튼을 살펴보자(그림 6-2-5).

iOS에서 버튼을 만들려면 UIButton이라는 클래스를 사용한다. UIButton의 구성 요소를 자세히 살펴보면 배경색에는 UIColor라는 클래스를, 아이콘 부분에는 UIImage라는 클래스를 쓰고 있다. 또한 레이블 부분에는 UILabel이라는 클래스를 쓰고 있으며, 이를 더 분해하면 문자열을 다루는 NSString 클래스, 폰트를 다루는 UIFont 클래스, 색을 다루는 UIColor 클래스 등이 쓰인다.

이처럼 애플리케이션 세계의 모든 것이 크고 작은 오브젝트의 모음으로 구축돼 있는 것이다.

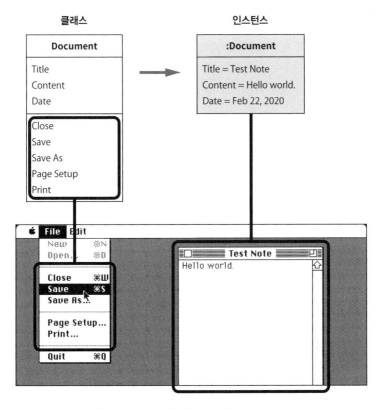

그림 6-2-4 GUI 화면에서의 클래스와 인스턴스

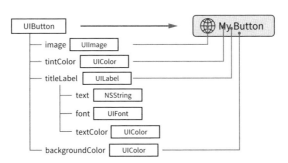

그림 6-2-5 버튼은 여러 오브젝트로 구성된다.

프로그래밍에서의 기술 방법

프로그래밍에서의 기술 방법을 살펴보면 절차형 프로그래밍 구문에서는 Verb(동작) → Object(대상물) 순으로 기술하는 것이 보통이다. 예를 들어 PHP에서 'hello'라는 문자열을 대문자로 한다'라는 명령을 절차형으로 기술하면 다음과 같다.

```
strtoupper( 'hello' )
```

여기서는 먼저 strtoupper(대문자로 한다)라는 함수명을 먼저 쓰고, 그 다음에 'hello'라는 대상을 쓰고 있다.

한편, 객체지향 프로그래밍 구문에서는 Object(대상물) → Verb(동작) 순서로 쓴다. 예를 들어 JavaScript에서도 'hello라는 문자열을 대문자로 한다'를 처리하려면 다음과 같이 쓴다.

```
'hello'.toUpperCase ()
```

여기서는 먼저 'hello'라는 대상물을 쓰고, 그 문자열 오브젝트가 갖고 있는 toUpperCase(대문자로 한다)라는 동작을 뒤에 쓴다.

Object → Verb라는 순서성이 객체지향에서 중요한 포인트인 것이다. 먼저 대상인 오브젝트를 정하고, 다음에 해당 오브젝트가 갖고 있는 동작을 지시한다.

객체지향에서는 주체와 객체의 시점이 바뀌어 객체(오브젝트)가 주체적으로 취급된다. 나는 이를 구문론적 전환Syntactic Turn이라 부른다. 소프트웨어에서 세계를 파악하는 것에 대한 구문론적 전환이야말로 객체지향이 가져온 패러다임의 전환이다.

6-3 **GUI**

맨-머신 인터페이스에서 사용자 인터페이스로

현재의 UI 개념이 생겨나기 전, 기계화 시대에서는 산업 기계 등을 사람이 원격으로 운전하기 위한 조작판으로 '맨-머신 인터페이스'라는 개념이 태어났다. 이는 그림 6-3-1과 같이 사람이 조작판을 사용해 일반적으로 기계를 움직이는 구도였다.

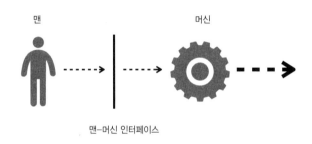

그림 6-3-1 맨-머신 인터페이스

이윽고 기술이 진보해 컴퓨터와 같은 인터랙티브한 장치가 나타나자 사람(사용자)와 컴퓨터 사이에 상호 작용을 매개하는 '사용자 인터페이스'라는 개념으로 변화해 왔다(그림 6-3-2).

그림 6-3-2 사용자 인터페이스

특히 1970년대 후반부터 PC가 보급되고 1980년대 후반에 GUI가 일반화됨에 따라 UI를 가상의 작업 장소로 파악하게 됐다.

인터랙션 디자이너인 브렌다 로럴은 UI를 단순한 면이 아니라 사람과 컴퓨터의 특성적인 차이를 흡수하면서 작업의 전체상을 연출하는 존재로서 그림 6-3-3과 같이 공간적인 개념으로 표현했다.

그림 6-3-3 브렌다 로럴 『컴퓨터는 극장이다』(커뮤니케이션북스, 2008)

인터페이스는 사용자와 오브젝트를 접착한다

근 10년 스마트폰의 보급 그리고 스마트폰의 앱이 일으킨 다양한 서비스의 융성은 생활, 일, 놀이 등의 존재 방식을 점점 소프트웨어의 인터페이스에 반영하고 있다. 우리는 하루 중 많은 시간을 소프트웨어 안에서 지내고 있다.

예를 들어 스마트폰이나 PC로 무언가를 하고 있을 때 이제는 UI를 매개로 그 너머에 있는 컴퓨터나 네트워크를 원격으로 조작하고 있다고 거의 의식하지 않는다. 손바닥 안에 보이는 친구의 존재에는 리얼리티가 있으며 화면에 나열된 서류 아이콘은 일의 대상인 서류 그 자체다.

그래서 브렌다 로럴의 그림을 업데이트해 UI라는 것을 사용자와 그 관심 대상(오브젝트)을 직접 접착하고 있는 것으로 그려보고 싶다(그림 6-3-4). 이제 인터페이스는 오브젝트 그 자체로서 지각되고, 신체성의 일환으로서 우리의 세계 인식에 결합하고 있는 것이다.

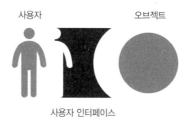

사용자   오브젝트

사용자 인터페이스

그림 6-3-4 인터페이스를 오브젝트 그 자체로 지각

UI를 '컴퓨터에 명령을 내리는 조작판'에서 '사용자와 목표를 직접 연결하는 공간'으로 다시 파악한 것이 의미론적 측면에서 본 GUI의 발생이다.

사용자의 머릿속에 있는 대상물 = 목표를 직접 다루기 위해서는 처음부터 눈에 보이는 형태로 존재해야 한다. 조작의 대상물(오브젝트)가 선택지로서 우선 화면상에 보이도록 하라. 이는 객채로서 거기에 존재하고 있으며 사용자로부터의 어프로치를 기다리고 있어야 한다. 사용자는 자유 의지로 거기에 접근하고 대상이 그 성질에 맞춘 행동을 해야 한다.

컴퓨터 안에 이러한 유사 세계를 만들어 현실에서 대상에 접하는 것과 같은 방법으로 사용자가 정보나 기능을 다룰 수 있게 하려면 대상을 상징적인 그래픽으로 나타내 화면의 2차원 공간에 나열하는 것이 효과적이었다.

즉, 오브젝트를 조작 대상으로 그래픽으로 표현하는 GUI 양식은 컴퓨터를 누구나 다룰 수 있게 하기 위한 필연적인 흐름 속에서 발생했다고 할 수 있다. 그러면 GUI가 태어난 경위를 한 번 살펴보자.

Whirlwind   GUI라는 발상의 원형

GUI의 기원은 1940년대부터 1950년대에 걸쳐 MIT에서 만들어진 Whirlwind 컴퓨터까지 거슬러 올라간다. Whirlwind 프로젝트는 미 해군이 폭격 훈련용 비행 시뮬레이터 개발을 MIT에 의뢰하면서 시작된다. 처음에는 아날로그 컴퓨터로 계획됐지만, 같은 시기에 완성된 ENIAC의 영향을 받아 리얼타임 시뮬레이션이 가능한 고속 디지털 컴퓨터를 개발하는 대규모 프로젝트로 발전한다.

개발에 수년을 들여 1951년 시스템이 완성됐다. 맨 처음에는 해군의 비행 시뮬레이터용이었던 것이 소련의 제트기 침공에 요격 태세를 갖추자는 목소리가 커지면서 완성 당시에는 공군의 방공 시스템$^{\text{SAGE, Semi-Automatic Ground Environment}}$용이 돼 있었다(그림 6-3-5).

Whirlwind에서 주목해야 할 점은 컴퓨터로 처리한 정보를 출력하는 데 처음으로 CRT(브라운관) 오실로스코프를 이용했다는 것이다.

또 하나 중요한 것은 같은 시기에 라이트 건이라 불리는 포인팅 디바이스가 발명돼 Whirlwind에 장착됐다는 점이다(그림 6-3-6).

라이트 건(나중에 소형화돼 라이트 펜이라 불림)은 CRT에 대면 주사선의 점멸 타이밍을 조사해 좌표를 검출할 수 있다. 해당 정보를 컴퓨터에 도입하면 포인트한 부위의 빛점을 지울 수 있는, 즉 화면에 표시된 그래픽을 직접 변경할 수 있는 것이다. 이것이 디스플레이를 통한 사람과 컴퓨터의 첫 번째 인터랙션이었다.

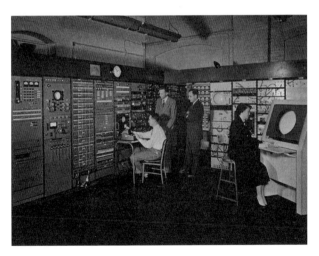

출처: https://www.mitre.org/about/out-history

그림 6-3-5 시험 중인 Whirlwind(1950년)

출처: The MITRE Corporation Archives

그림 6-3-6 라이트 건으로 입력(1952년)

SAGE 방공 시스템에 구축된 초창기 GUI

1950년대 후반이 되자 미공군은 IBM과 함께 대규모 대공 방위 시스템 SAGE를 개발하기 시작한다. 이는 미국 전역에 배치된 방공 레이더 정보를 디지털 컴퓨터로 바로 해석해, 적기의 위치를 트래킹 하면서 미사일이나 전투기로 요격하려는 것이었다.

SAGE는 1963년에 완성돼 그 후 20년 이상에 걸쳐 이용됐다.

SAGE의 제어 센터에는 Whirlwind 기술을 이용한 시스템이 가동돼 커다란 CRT가 여러 개 연결됐다. 화면에는 해안선 등의 지형이 표시되고, 거기에 비행 물체의 위치나 상태가 컴퓨터 처리 결과로서 리얼타임으로 비춰진다(그림 6 3-7). 그리고 여러 오퍼레이터가 라이트 건을 사용해 트래킹하는 비행 물체를 선택하는 등 조작을 하고 있었다(그림 6-3-8). 즉, 오브젝트로서의 비행물체가 그 상태를 리얼타임으로 반영하면서 2차원 공간에 표시되고 오퍼레이터의 직접 조장에 반응하는 것이다.

목표물을 인터랙티브한 그림으로 대상화하고 그것을 직접 가리키면서 컴퓨터에 명령을 내리는 GUI의 기본적인 조작성이 여기에서 이미 실용화돼 있었다.

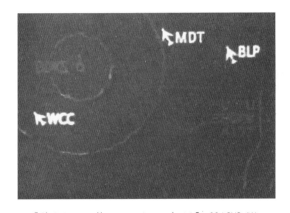

출처: CHM: https://www.youtube.com/watch?v=06dr8N8n1Wg

그림 6-3-7 SAGE콘솔 화면에 리얼타임으로 표시되는 비행 물체

출처: https://www.ibm.com/ibm/history/ibm100/us/en/icons/sage

그림 6-3-8 SAGE 콘솔의 조작 모습(1963년경)

Sketchpad 그래픽 언어를 이용한 대화형 컴퓨터

1963년에는 MIT에서 이반 서덜랜드가 Sketchpad를 개발한다(그림 6-3-9). Whirl wind의 직계인 TX-2라는 컴퓨터를 이용한 것으로, 라이트 펜으로 화면상에 원이나 직사각형 등의 벡터 그래픽을 그려 CAD처럼 조작할 수 있는 것이었다.

이진까지 컴퓨터라고 하면 미리 프로그램된 일련의 처리를 절차적으로 하는 것이었는데, Sketchpad에서는 조작 대상물이 화면에 보여 사용자가 원하는 곳에서 원하는 순서로 편집할 수 있다. 그리고 그 조작은 화면에 보이고 있는 대상물에 직접 포인팅해 신체 동작을 리얼타임으로 반영하는 것이었다. 그런 의미에서 객체지향 UI의 컨셉이 이 시점에서 상당히 명확해졌다고 할 수 있다.

또한 Sketchpad에서는 이미 윈도우나 아이콘과 같은 표현도 들어 있었으며, 프로그램으로서는 객체지향으로 통하는 클래스와 인스턴스 개념도 사용되고 있었다.

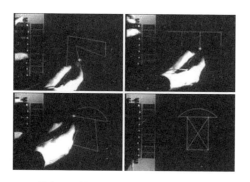

출처: https://archive.org/details/AlenKeyD1987

그림 6-3-9 Sketchpad(1963년)

이 비절차적인 조작성은 지금에는 너무 당연해서 의식하지도 않지만, 당시에는 매우 획기적이었다. 그때까지의 컴퓨터는 그저 복잡한 계산을 고속으로 처리할 수 있는 계산기였고, 컴퓨터로 어떤 문제를 해결하려면 미리 해결 방법을 알고 있어 프로그램으로 만들 수 있어야 했다.

한편 Sketchpad는 해결 방법을 모르는 문제를 컴퓨터로 해결하는 것을 목표로 했다. 정의할 수 없는 난해한 문제에 대처하기 위해 컴퓨터를 서브젝트(제목/주체)가 아닌 오브젝트(대상/객체)로 간주한 것이다. 먼저 문제와 해법을 제목으로 주체화하는 것이 컴퓨터 설계가 아니라 사용자가 개체화된 대상과 마주보고 대화하듯 이를 다루는 가운데 목표 상태를 찾아갈 수 있도록 하는 것이다. 단순한 계산기가 아니라 사람이 시행착오를 겪으며 목적을 달성해 나가기 위한 크리에이티브 도구로서 컴퓨터를 재정의한 것이었다.

NLS 지적 생산 활동을 위한 컴퓨터

Sketchpad에 영향을 받은 형태로 1969년에 스탠포드 연구소의 더글라스 엥겔바트 팀이 NLS를 개발했다. NLS는 래스터 스캔 모니터를 이용한 그래픽컬한 정보 표현, 마우스로 직접 포인팅, 키보드에서 텍스트를 입력, 하이퍼링크, 원격 네트워크로의 공동 작업 등 화면을 작업 공간으로 보고 거기에 표시된 여러 가지 정보 오브젝트에 랜덤으로 액세스하면서 작업해 나가는 조작체계를 만들어냈다(그림 6-3-10).

엥겔바트의 이상은 컴퓨터를 인류의 지성을 증강시키는 프레임워크라고 받아들이는 데 있었다. 이 생각은 그가 젊은 시절 읽은 1945년 버니바 부시의 논문에 영향을 받았다. 부시의 논문 「As We May Think」는 MEMEX(기억확장기)라는 미래의 선진적인 데스크에 관해 쓴 것으로, 개인이 소유하는 모든 책이나 기억을 저장하고 빠르면서도 유연하게 참조할 수 있는 선진적인 시스템 아이디어를 소개했다.

MEMEX에는 축적된 다양한 정보가 있고, 사람이 자유롭게 액세스하면서 아이디어를 서로 교환할 수 있는 인터랙티브한 공간이다. 지금은 당연한 것인 시각적 정보 표시, 직접 조작, 하이퍼링크 그리고 언제나 서로 접속할 수 있는 네트워크의 조합을 최초로 구현한 것이 엥겔바트의 NLS라 해도 좋을 것이다.

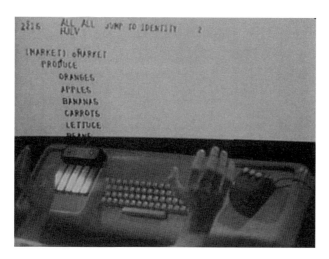

출처: SRI International: https://www.youtube.com/watch?v=B6rKUf9DWRI

그림 6-3-10 NLS의 조작 모습(1968년). 오른쪽에 있는 것이 발명 직후의 마우스

Smalltalk 누구나 사용할 수 있는 PC

1970년대에 이르러 Xerox PARC에서 앨런 케이를 중심으로 Smalltalk가 개발됐다(그림 6-3-11). Smalltalk는 객체지향 프로그래밍 환경인 동시에 GUI 베이스의 OS이기도 했다. 당초 앨런 케이가 구상했던 누구나 사용할 수 있는 PC 'Dynabook'의 잠정판으로서, 비트맵디스플레이나 마우스를 갖춘 고성능 소형 컴퓨터 Alto를 이용했다.

Smalltalk는 객체지향 프로그래밍 언어로 여러 번 사양을 변경하면서 버전업해 갔다. GUI 표현으로서는 오버래핑 윈도우(여러 개의 작업을 윈도우라는 서로 겹치는 직사각형으로 나타냄)로 작업 공간 표현, 팝업 메뉴, 컷&페이스트 Cut&Paste 및 언두 Undo로 모달리스 조작 방법을 고안했다. 애플리케이션으로서는 멀티 폰트의 사용이나 그림 삽입이 가능한 텍스트 에디터, 도트 단위 편집이 가능한 페인트 툴 등이 만들어졌고 나중에 Macinotsh나 Windows의 디자인에 큰 영향을 미쳤다.

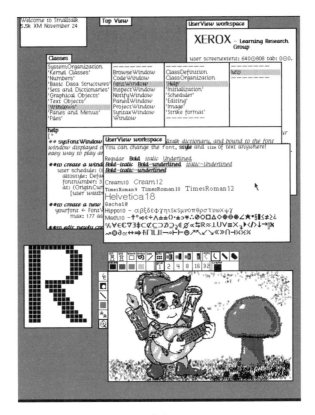

출처:

그림 6-3-11 Smalltalk-76(1976년)

오브젝트가 추상과 구상을 통합한다

앨런 케이는 다음과 같이 말한다.

> 66 Smalltalk의 객체지향성은 매우 시사적이었다. 객체지향이란 오브젝트 자신이 무엇을 할 수 있는지 알고 있다는 뜻이다. 추상적인 상징적 영역에서 이는 오브젝트의 이름(또는 무엇을 가져올지)을 먼저 쓰고 나서 무엇을 할지를 지시하는 메시지를 붙인다. 구체적인 사용자 인터페이스 영역에서는 먼저 오브젝트를 선택해야 함을 의미한다. 그런 다음 무엇을 하고 싶은지 메뉴를 통해 제시한다. 어느 경우든 오브젝트가 먼저고 하고 싶은 일이 그 다음이다. 이는 구체적인 것과 추상적인 것을 매우 만족스러운 방법으로 통합하고 있다. 99

앨런 케이 「User Interface: Personal View」(1989)

여기서는 객체지향이라는 컨셉의 원리가 우선 소프트웨어 세계 안에 대상(오브젝트)이 존재하고 거기에 무엇인가를 통해 접근한다. 오브젝트는 자율적으로 그 접근에 반응해 자기자신을 변화시키거나 다른 오브젝트에 접근한다. 이와 같은 이미지가 추상적인 프로그래밍 양식과 구체적인 UI 양식 사이에서 일관된 패러다임을 만들고 있음을 말하고 있다. 실제로 객체지향에서 'Object → Verb' 구문은 PC가 가져오는 새로운 세계 인식의 통일적 아날로지가 됐다.

사용자 일루션

이러한 환경에서 실현돼야 하는 컴퓨터만이 가능한 마법과 같은 연출을 앨런 케이는 '사용자 일루션'이라 부른다. 사용자 일루션은 메타포를 고차원화한 개념이다. 예를 들어 하이퍼 미디어와 같이 현실 세계에 있는 도구를 메타포로 하면서도 현실 세계에는 존재할 수 없는 새로운 멘탈 모델을 자연스러운 형태로 주는 것이 바람직하다고 한다.

앨런 케이는 다음과 같이 말한다.

> 우리는 어린 시절 점토라는 것이 두 손을 집어넣기만 해도 어떻게든 변형될 수 있음을 발견한다. 컴퓨터의 경우, 이와 비슷한 발견을 하는 사람이 좀처럼 없다. 컴퓨터의 소재는 인간의 경험과 너무 동떨어져 있어, 마치 모니터 화면을 보면서 버튼과 집개로 방사성 물질 덩어리를 원격 조작하는 듯한 느낌이 든다. 물리적인 접촉이 이런 느낌이 되지 않게 하려면 어떤 정서적 접촉이 가능할까? '사용자 인터페이스'를 통해 우리는 컴퓨터라는 점토를 만질 수 있다. 사용자 인터페이스란 인간과 프로그램을 매개하고 컴퓨터를 어떤 목적(교량 설계든 원고 집필이든 어떤 목적이도 좋다)을 달성하는 도구로 하는 소프트웨어를 말한다. 사용자 인터페이스는 시스템 설계에서 가장 중요성이 낮다고 여겨졌지만, 지금은 가장 중요한 부분이 됐다. 사용자 인터페이스가 가장 중요한 것으로 여겨지는 이유는 초심자도 프로도 자기 앞에 놓인 지각할 수 있는 것이 그 사람에게 있어 컴퓨터이기 때문이다. 우리 제록스 팔로알토 연구소 직원은 이를 '사용자 일루션'이라 부르고 있다. "

앨런 케이의 논문 「Computer Software」

객체지향에서는 일루션이라는 신체가 장기臟器보다 선행한다. 일루션은 사람의 정신을 확장하고, 주객을 미분화하고, 추상과 구상을 높은 차원에서 통합한다. 이런 환상적인 관점이 먼저 예지되는 것이다. 사용자 일루션을 위해 객체지향 UI가 있으며, 이를 구현하기 위해 객체지향 프로그래밍이 있다는 것이다.

TUI 텍스트 베이스의 UI

1970년대 후반에 접어들면서 취미로 즐기는 사용자나 비즈니스를 위한 사용자 사이에 키보드, 디스플레이, 디스크 시스템 등을 갖춘 PC가 보급되기 시작했다. 그 UI의 기본은 그때까지의 범용 대형 컴퓨터의 텔레타이프 방식으로 사용됐던 텍스트 행을 통한 명령과 응답, 이른바 CLI(커맨드 라인 인터페이스)였다. 앞서 말했듯이 같은 시기에 GUI 기술 연구가 다양하게 이뤄지고 있었지만 화면 전체를 그래픽으로 표현하고 사용자와의 인터랙션을 리얼타임으로 처리하기에는 너무 많은 리소스가 필요했다. 그래서 개인용 소형 컴퓨터는 아직 현실적이지 않았다.

당시 PC에서는 UI를 디자인하는 정해진 룰이 거의 없었으며 애플리케이션마다 독자적인 조작 방법을 구축하는 것이 보통이었다. 그 와중에 문자열을 1행씩 출력하는 CLI방식이 아니라 화면 전체를 텍스트 베이스 UI로 한꺼번에 표현하는 '텍스트 베이스 사용자 인터페이스^{TUI, Text-Based User Interface}가 채택되기 시작했다 (그림 6-3-12).

TUI는 어디까지나 문자, 괘선 등의 기호, 배경색으로 구성된 것이었지만, 화면을 2차원으로 취급해 간단한 레이아웃이나 영역을 표현할 수 있어 컴퓨터에서 다루는 정보를 사용자에게 눈으로 볼 수 있는 대상으로 알기 쉽게 제시할 수 있었다.

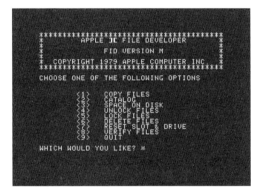

출처: https:/guidebookgaleryorg/articles/aple2userinterfaces/pics/dos3sm-fid

그림 6-3-12 Apple Ⅱ의 TUI(Apple DOS 3.2, 1979년)

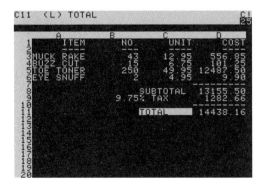

출처 : https:/commons.wikimedia.org/wiki/File:Visicalc.png

그림 6-3-13 VisiCalc(1979년)

또한 커맨드 문자열을 입력하지 않고 선택식 메뉴나 다이얼로그박스 등 GUI풍의 표현도 늘어나 보통의 사용자가 워드 프로세스나 스프레드시트로 문서 작성 등의 작업을 할 수 있게 됐다(그림 6-3-13).

그렇지만 TUI 조작은 대부분 키보드만으로 이뤄지고 조작 문법도 '동사 → 명사'인 경우가 많아 객체지향 UI로서의 조작성에는 이르지 못했다.

Star GUI 베이스의 비즈니스용 워크스테이션

Xerox Star는 Dynabook의 컨셉을 계승하면서 '미래의 오피스'를 캐치플레이로 개발된 객체지향 GUI 베이스의 비즈니스용 워크스테이션으로 1981년에 발매 됐다(그림 6-3-14).

Star에는 비트맵디스플레이와 마우스를 채택한 세련된 GUI가 구현돼 있고 WYSIWYG(인쇄 이미지와 화면 이미지가 일치하는 것)가 중시돼 윈도우, 아이콘, 데스크탑, 폴더 등, 일련의 컨트롤 오브젝트가 체계적으로 디자인돼 있었다. 개발자 용에는 상세한 기능 설계서가 있었으며 UI 디자인도 자세하게 정의됐다. 이것은 최초의 GUI 디자인 가이드라인이라 할 수 있다.

또한 Star에는 애플리케이션 모드가 없고 하나의 서류에 여러 타입의 오브젝트를 삽입할 수 있는 등 GUI로서의 모달리스성을 중시했다.

출처: http:/www.digibarn.com/collections/screenshots/xerox-star-8010/

그림 6-3-14 Star(1981년)

Macintosh 상업적으로 성공한 최초의 GUI 시스템

1980년대 초기, Apple사는 Smalltalk/Alto의 영향을 받아 GUI베이스의 PC를 개발한다.

1983년에 발매된 Lisa는 Apple 최초의 GUI시스템으로, 마우스 조작을 전제로 데스크탑, 풀다운 메뉴, 오버래핑 윈도우, 아이콘 등을 채용한 조작 체계를 갖추고 있었다.

다음 해인 1984년 발매된 Macintosh는 Lisa를 더 소형화하고 가격도 낮췄지만, Lisa GUI의 특징을 그대로 이으면서 세부 표현 등을 세련되게 해서 상업적으로 성공한 최초의 GUI 시스템이 됐다(그림 6-3-15).

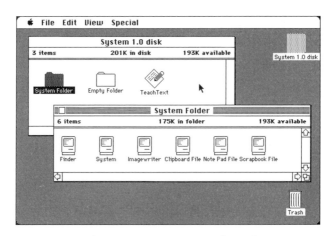

그림 6-3-15 Macintosh System1(1984년)

Apple은 서드파티의 개발자가 'Mac다운' 애플리케이션(그림 6-3-16)을 만들 수 있도록 API 해설 문서와 아울러 휴먼 인터페이스 가이드라인을 작성했다(그림 6-3-17). 당시 GUI라는 것 자체가 일반 개발자에게 거의 알려지지 않았기 때문에 이 가이드라인은 GUI의 기본 사상과 디자인 원칙에 많은 페이지를 할애했다. Macintosh 시스템 설명서 이전에 사람과 컴퓨터의 인터랙션에 관한 디자인 사상 계몽서였다.

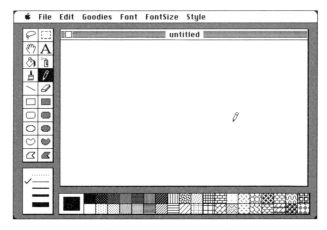

그림 6-3-16 MacPaint(1984년)

300

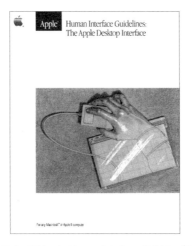

그림 6-3-17 Apple Human Interface Guideline(1987)

Apple이 Macintosh로 보였던 행보를 따라 그 후 보급된 GUI는 OS벤더가 UI프레임워크와 디자인 가이드라인을 서드파티에게 제공해 표현이나 조작성의 통일을 추구하게 됐다. 현재 PC에서 사용되는 Windows나 macOS, 스마트폰에서 사용되는 Android나 iOS도 이런 흐름을 따르고 있다고 할 수 있다.

iPhone PC의 새로운 폼팩터

2007년 Apple이 발매한 iPhone은 GUI의 새로운 시대를 만들었다(그림 6-3-18). 1990년대 인터넷과 모바일 네트워크가 보급돼 웹을 시작으로 다양한 온라인 서비스를 사용할 수 있게 됐다. 그리고 휴대용 단말기에서의 GUI도 여러 가지 시도가 있었다. 그런 가운데, iPhone은 Mac용 오퍼레이팅 시스템을 베이스로 한 본격적인 GUI를 갖추고 본체 케이스 전면 대부분을 차지하는 화면을 손가락으로 터치 조작하는 스마트폰의 새로운 스탠다드를 확립했다.

그리고 발매로부터 약 4년간 iPhone은 Android 디바이스와 함께 스마트폰 보급을 크게 촉진해 PC의 새로운 폼팩터로서 사람들의 생활에 널리 침투하게 됐다.

출처: Apple

그림 6-3-18 iPhone(2007년)

iPhone의 UI 프레임워크에서는 각종 컴포넌트가 손가락으로 터치하는 조작에 최적화된 형태와 동작으로 완비돼 있어 작은 화면에서의 새로운 조작감을 추구했다.

iPhone은 히트 상품이 됐으며, 이때까지 UI의 표현이나 조작성에 별 관심 없던 사람들이 디자인성도 있음을 알게 된 계기가 됐다.

화면을 손가락으로 만져 조작하는 iPhone UI는 사용자에게 화면에 보이는 오브젝트를 손으로 직접 만지고 조작하는 느낌을 강하게 준다. 사람들은 이 객체지향성이 높은 UI를 급속도로 받아들였다. 이는 컴퓨터에 처음 디스플레이를 연결해 거기에 비친 빛점을 라이트 건으로 만지던 때로부터 60년 후의 일이었다.

메타 미디어로서의 객체지향 UI

컴퓨터 역사에서 GUI의 성립을 보고 알 수 있는 것은 우선 아이디어가 1940년대 디지털 컴퓨터의 등장과 같은 시기인 상당히 빠른 단계에서 발상되고 실현됐다는 점이다. 그 배경에는 냉전시대의 군사 프로젝트로서 연구 개발에 막대한 예산이 할당됐다는 사실이 있다. 또한 CRT와의 접속이나 라이트 건의 발명과 같은 인터랙티브 조작에 필요한 요소가 알맞은 시기에 갖춰졌다는 점도 클 것이다.

하지만 GUI의 발상에 가장 중요한 단서를 줬던 것은 개발 목적이 방공 시뮬레이션이었다는 점이다. 즉, 대상을 공간적이자 리얼타임으로 표시할 수 있어야 했던 것이다. 그렇기 때문에 처리한 정보를 그래픽으로 2차원으로 표시하고 그 안에 오브젝트를 매핑하는 형태가 자연스럽게 고안됐을 것이다. 또한 빠르게 오퍼레이션을 수행하기 위해서는 화면상의 오브젝트를 직접 가리킬 수 있는 포인팅 디바이스가 있는 것이 합리적이다. 따라서 컴퓨터로 처리된 정보를 대상화해 직접적으로 조작하는 GUI의 기본적인 조작 방법이 생겨났다.

사람이 가진 '보기' 능력

멘탈 모델을 눈앞에 대상화(오브젝트화)하는 이 발상에는 사람이 가진 '보기' 능력이 자연스럽게 드러나 있다. 사람은 2만 년 전 라스코 동굴 벽화 시대부터 '보고 싶은 것을 볼 수 있게 본다'는 행위를 반복해왔다. 시뮬레이션이라는 것은 현대적인 방법이며 GUI의 발상도 그 일환인 것이다.

1950년대부터 1960년대까지 컴퓨터는 상용화돼 범용 대형 컴퓨터가 기업 등에서 사용됐다. 기업의 업무 처리에 컴퓨터를 채용하기 시작했을 무렵에는 데이터를 일괄적으로 입력해 처리를 출력하는 패치 시스템이 일반적이었으며, 그 입출력에는 펀치 카드나 종이 테이프를 사용했다. 거기에서 이윽고 1대의 컴퓨터를 여러 사용자가 동시에 사용할 수 있는 타임 쉐어링 기술이 이용되기 시작했다.

그리고 1970년 전후에 텔레타이프용 키보드와 비디오 디스플레이 유닛을 조합할 수 있게 됐고, 간신히 입력과 출력을 그 자리에서 리얼타임으로 실시할 수 있게 됐다. 이것이 CLI의 시작이다. CLI는 텍스트 베이스의 인터랙션이어서 오브젝트의 그래픽컬한 표현이나 직접 조작은 할 수 없다. 하지만 그 UI는 이윽고 1970년대 후반부터 1980년대 PC로 이어졌고 많은 사람이 컴퓨터를 접하는 계기가 됐다.

한편, GUI는 디지털 컴퓨터의 초기부터 연구됐지만, 개발 및 실행 비용이 높아 일부 군사기관이나 연구 기관에서만 쓰는 형태였다. 이것이 PC의 OS에 채택돼 일반에 보급되기 시작한 것은 1980년대 중반에 이르렀을 때였다. 지금은 PC나 스마트폰을 비롯해 여러 가지 임베디드 기기에 GUI를 사용하고 있지만, 그 실행 환경, 개발 환경, 디자인 패턴 등이 갖춰지기까지는 지금까지 살펴봤던 것처럼 수많은 시행착오와 기술 혁신이 필요했다.

계산기에서 지적 생산 도구로

또한 군사 시뮬레이터로 태어난 초기 GUI에서 Sketchpad, NLS, Smalltalk로 진화하는 과정에서는 그 사상적인 배경에 주목해야 한다. 즉, 컴퓨터를 단순한 계산기가 아니라 지적 생산을 위한 도구로서 생각했던 것이다. 이는 사람의 지식이나 기억을 확장하는 것, 그것들끼리 링크시키는 것, 조작 가능한 오브젝트로 표시하는 것, 스스로의 신체성과 정신성을 접속하는 것을 말한다. 그리고 이렇게 하기 위해 컴퓨팅 파워를 퍼스널한 것으로서 해방하는 것이다. 이러한 테크놀로지의 리버럴리즘이 GUI와 PC를 만들어낸 것이다.

앨런 케이는 1977년 논문에서 다음과 같이 말한다.

> 66 종이에 적은 기호, 벽의 그림, 심지어 '움직이는' 영화나 TV에서조차 보는 이의 바람대로 반응이 변하지 않는다는 점에서 인간과 미디어의 상호 작용은 유사이래 주로 비대화적이고 수동적이었다. (중략) 비록 디지털 컴퓨터는 원래 산술 계산을 목적으로 설계됐지만, 기술모델이라면 어떤 것이든 정밀하게 시뮬레이션하는 능력이 있다. 이 말은 임베딩embedding 및 뷰잉viewing 방법을 충분히 잘 제공하면 매체로서의 컴퓨터는 다른 어떠한 미디어가 될 수 있음을 의미한다. 게다가 이 새로운 '메타미디어'는 능동적, 즉 질의와 실험에 응답할 수 있으므로 메시지는 학습자를 양방향 대화로 끌어들일 수 있다. 99

앨런 케이, 아델 골드버그 「Personal Dynamic Media」

즉, 컴퓨터의 본질은 시뮬레이션 능력에 있으며 그 때문에 종래의 미디어보다 고차원 존재라는 것이다. 이는 멘탈 모델을 보고 인터랙티브하게 대상화하는 실험인 객체지향 UI로서 실현되는 것이다.

6-4 모달리스

앨런 케이는 그가 발명했다고 전해지는 오버래핑 윈도우(화면에 여러 개의 윈도우를 겹쳐 표시하는 것)에 대해 다음과 같이 말한다.

> 66 움직이는 시각적 사고의 본질은 가능한 한 많은 요소를 화면에 보여주는 것이 창의성과 문제 해결을 북돋우고 장애를 예방하는 좋은 방법임을 시사한다. 윈도우를 사용하는 직관적인 방법은 마우스가 안에 있는 윈도우를 활성화하고 그것을 '위'로 가져오는 것이었다. 이 상호작용은 특별한 의미에서 모달리스였다. 활성화된 윈도우는 확실한 모드로 구성됐다. 어떤 윈도우에는 페인팅 키트가 있고, 다른 창에는 텍스트가 있을 수 있다. 그러나 따로 종료하지 않더라도 다른 작업을 하기 위해 다음 윈도우로 옮겨갈 수 있다.
>
> 이것이 바로 내가 말하는 모달리스의 의미다. 99
>
> 앨런 케이 「User Interface: Personal View」

UI에 객체지향성을 갖게 한다는 말은 조작을 모달리스로 한다는 의미다. 거꾸로 말하면 모달리스로 자유로운 조작을 실현하려면 이를 제어하는 프로그램에는 객체지향의 구성이 필요하다는 것이다.

그럼 UI에 있어 모달리스니스^{Modelessness}란 어떤 것이며 어떤 의미가 있을까?

모달리스를 신봉하지 않는다

Apple의 2013년판 OS X Human Interface Guidelines에는 UI에 있어 모달리스가 중요함을 다음과 같이 설명한다.

객체지향 UI의 특징인 '명사 → 동사' 조작 순서는 인터랙션을 모달리스로 하는 역할을 담당한다. 조작 흐름 중에 모드가 있으면 시스템은 사용하기 어려워진다.

예를 들어 어떤 조작을 하면 그에 따라 다음에 할 수 있는 조작이 한정되는 경우, 이는 모드에 들어간 것이다. 조작 모드는 어떤 조작이 가진 의미가 상황에 의존해 변화하고 그에 따라 사용자에게 현재 가능한 조작을 한정하거나 조작 순서를 고정적으로 강제하는 것이다.

모드가 있으면 사용자는 작업 도중에 생각을 바꿔 다른 일을 하고 싶어 졌을 때 먼저 모드에서 벗어나기 위해 조작해야 한다.

반대로 UI가 모달리스면 어떤 조작이 가진 의미가 일정하고 사용자는 순서를 마음대로 작업할 수 있다. 그리고 언제든지 생각을 바꿔 다른 작업을 시작할 수 있다.

객체지향 UI는 사용자를 모드에서 해방한다

모달리스는 쓰기 편리한 시스템의 기본 조건 중 하나다. 달리 말하면 사용자가 '명사 → 동사' 순서로 모달리스로 조작할 수 있듯이 GUI는 객체지향으로 모델링해야 한다.

태스크지향의 조작 순서는 모달이며, 이를 GUI에 가져오면 사용하기 어렵다. 모달인 UI의 대표는 모달 다이얼로그다. 모달 다이얼로그는 사용자의 일을 중단하고 특정 입력 조작을 강요한다. 사용자는 해당 조작을 끝내거나 캔슬 조작을 할 때까지 원래의 일로 돌아갈 수 없다.

객체지향 UI는 사용자를 모드에서 해방시켜 우리가 도구 사용법에 관해 가지고 있는 기본적인 멘탈 모델을 반영한다. 이는 먼저 대상을 정한 다음 행동을 취하는 것이다. 못을 밖을 때 먼저 망치를 들고, 그 다음에 내려친다. 내리치고나서 망치를 들지는 않는다.

객체지향 기술로 만들어진 Smalltalk의 UI가 '모달리스'임을 중시했던 것은 GUI라는 표현성과 일체가 된 컨셉인 동시에 PC에 요구되는 '누구든 사용할 수 있다'는 것을 실현하기 위한 근본 조건이기 때문이다.

객체지향에 따른 구문론적 전환

UI를 조작할 때의 순서를 보면 프로그래밍 기술 구문과 같은 일이 벌어진다. 즉, 커맨드라인의 UI에서는 'Verb → Object'이고, 객체지향 UI에서는 'Object → Verb'이다.

예를 들어 커맨드라인으로 'hello world.txt'라는 이름의 텍스트 파일을 열 경우 다음과 같이 입력한다.

```
$more helloworld.txt
```

먼저 more라는 커맨드를 입력하고(동작을 지시), 그 다음에 helloworld.txt라는 대상 파일명을 입력(대상을 지시)한다.

반대로 GUI에서 같은 일을 할 경우 그림 6-4-1과 같이 먼저 'helloworld.txt' 파일을 선택하고(대상을 지시), 그 다음에 메뉴에서 'Open'을 선택(동작을 지시)한다.

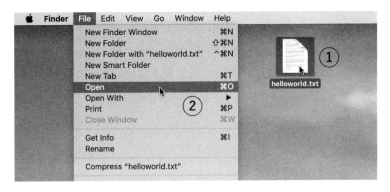

그림 6-4-1 GUI에서의 조작 순서

GUI에서 'Object→Verb' 구문은 시스템 조작에서 모드를 제거하는 효과가 있지만, 원래 화면상에 제시된 요소를 임의의 타이밍에 지시하는 것이 GUI의 기본 이디엄이다. 따라서 UI 표현이 공간적인 매핑을 이용한 객체지향인 점과 조작에 순서가 없는 모달리스인 점 사이에는 서로 강한 필연성이 있다.

절차적인 사고방식으로는 GUI를 설계할 수 없다

못을 박을 때 망치를 내리치는 동작과 박힌 못의 모습은 일체화된 이미지로 목적의 타당함을 성립시킨다. 객체지향적인 파악 방법에서는 도구와 그 대상은 비인칭적으로 섞인다. GUI에 있는 아이콘이 조작 도구이기도 하고, 처리 대상이기도 하듯이 말이다.

GUI 설계의 핵심은 오브젝트끼리의 결정론적인 관계성으로 문맥적인 것이 아니다. 따라서 상정된 작업 플로우 같은 것으로는 설계할 수 없으며, 이러한 사고방식은 애당초 GUI의 발상과 차원이 다르다. 절차적인 사고방식으로는 GUI를 설계할 수 없다.

사용자가 '할 일'이 아니라 사용자가 '얻는 것'을 먼저 생각하는 것이 객체지향 UI다. 얻는 것을 처음부터 보여주거나 가능한 한 빨리 찾을 수 있게 해 사용자가 스스로 획득하는 것이다.

객체지향 UI에서는 주체를 객관적으로 관찰하고, 객체를 주관적으로 기술한다. 사용자 요구를 충족하는 형태라는 표현은 의미가 없어진다. 형태는 사람과 도구가 만들고 만들어지는 흐름 그 자체이기 때문이다.

앨런 케이는 초기 텍스트 에디터 조작에 모드를 많이 채용한 것에 대해 다음과 같이 말한다.

> 66 모달리스로 하기 가장 어려웠던 영역은 아주 작은 예지만, 기초적인 텍스트 편집이다. 10명의 에디터를 괴롭혔던 '삽입'과 '덮어쓰기' 모드를 어떻게 없애야 하나? (중략) 주요한 단순화는 문자 간에 선택 영역을 확장해 삽입, 덮어쓰기, 삭제의 구분을 없애는 것이었다. 따라서 폭을 0으로 선택할 수 있고, 그렇기 때문에 모든 조작을 덮어쓸 수 있다. '삽입'은 0폭 선택을 덮어쓰는 것을 의미한다. '삭제'는 폭이 0인 문자열로 선택 영역을 덮어쓴다는 뜻이다. 나는 Smalltalk에서 돌아가는 1페이지짜리 프로그램을 짜고는 승리를 울부짖었다. 래리 테슬러^{Lany} ^{Tesler}는 이를 훌륭하다 생각했고 그의 새로운 Gypsy 에디터에서 이미 작동하는 아이디어를 보여줬다. 99
>
> 앨런 케이 「User Interface: personal view」

자, 여기 이름이 나온 래리 테슬러가 여명기의 GUI에 모달리스 조작성을 도입하는 데 큰 역할을 했다.

래리 테슬러 텍스트 편집의 모달리스화

래리 테슬러는 '컷 앤 페스트$^{Cut\ \&\ Paste}$'를 발명한 사람이자 '테슬러의 복잡성 보존 법칙'으로도 알려진 소프트웨어 연구자다. 그리고 70년대 PARC에서 앨런 케이 등과 함께 GUI의 기본적인 조작 체계를 만든 것으로도 유명하다. 테슬러의 신조는 어떻게든 '모드를 없애는 것'이었다. 그는 일찍이 소프트웨어에서 모드를 없애야 한다고 일찍이 주장했으며 "Don't mode me in"을 프린트한 티셔츠를 입거나 자신의 자동차 번호판을 "NOMODES"로 하기도 했다(그림 6-4-2).

출처: http://nomodes.com

그림 6-4-2 테슬러의 자동차 번호판

모드를 없애다

테슬러가 초기 GUI 개발 중에 어떻게 모달리스를 실현했는지 그 경위는 다음과 같다(「A Personal History of Modeless Text Editing and Cut/Copy Paste」, interactions, 19-4, (Association for Computing Machinery, 2012)).

테슬러는 고등학교에서 프로그래밍을 공부하고, 1961년 스탠포드 대학에 입학했다. 소프트웨어의 활용도에 흥미를 가져 여러가지 프로젝트에서 조작성 개선을 시도했다. 컴퓨터의 사용법은 패치 처리가 중심이었지만, 인터랙티브한 시스템도 나타나기 시작했다. 하지만 전부 모드가 있어 사용하기 어려웠기 때문에 그는 모드와 모드 에러를 없애기 위한 연구를 시작했다.

1968년 SAIL^{Stanford Artificial Intelligence Laboratory}에서 활동하기 시작했는데, 여기서 앨런 케이나 도널드 노먼을 만나 인지심리학을 공부하게 된다. 1969년 더글러스 엥겔파트의 Augmentation Research Center를 방문한다. 엥겔파트가 NLS의 전설적인 데모를 보인 직후였다.

60년대 후반에 지역 단체를 위해 계간 카탈로그 판을 만드는 일을 도왔다. 그곳에서 컷 앤 페이스(잘라 붙이기) 작업을 하고 있는 동안 이 작업을 간단하게 할 수 있는 인터랙티브한 페이지 마크업 시스템을 생각해냈다.

같은 시기에 TVEDIT라는 풀스크린 텍스트 에디터가 있었는데, 이 에디터에는 오류를 쉽게 정정할 수 있는 oops라는 기능이 있었다. 또한 2스텝으로 텍스트를 이동할 수 있는 기능도 있었다. 특정 텍스트를 delete하면 해당 텍스트가 스택 맨 앞에 추가된다. 그리고 retrieve하면 스택 맨 앞 항목이 사용자가 지정한 곳에 삽입된다. 스텝 사이에 사용자는 검색이나 타이핑 등 다른 일을 할 수 있었다. TVEDIT에는 모드가 있었지만 2스텝 이동 기능이나 oops와 같은 오류 정정 등을 도입하면 에디터를 모달리스로 만들 수 있을 거라 생각했다.

오브젝트 선택 전 신택스

1973년 Xerox PARC에 들어가 POLOS^{PARC Online Office System} 팀에 참가했다. 그리고 가끔 앨런 케이의 그룹에서 Smalltalk 작업도 했다. 케이와 함께 일했던 이유는 케이가 발명한 오버래핑 윈도우에 관심이 많았고 이것이 모드를 대체할 수 있을 거라 느꼈기 때문이었다.

POLOS 멤버 대부분은 SRI의 엥겔 루퍼트 그룹에서 Xerox에 온 사람들이었다. POLOS에서는 기술 사양서나 소스 코드, 기타 인덴트식 아웃라인을 쓰는 데 NLS를 사용했다. NLS는 훌륭한 툴이었지만, 테슬러는 일반인이 이 툴로 서류나 편지, 메모를 쓸 수 없을 것이라 생각했다. 커맨드 언어가 방대한 모드를 가지고 있었기 때문이다. 테스트 입력 모드 밖에서는 모든 키 스트로크와 클릭이 모드를 만들었다. NLS의 커맨드 언어의 신택스^{syntax}는 진화를 거듭했으나 언제나 '동사가 오브젝트 선택 전에 온다'는 입력 구문이었다.

예를 들어 패러그래프를 삭제하려면 먼저 NLS에 delete라 쓰고 나서 대상인 패러그래프를 전달한다. 문자열을 이동하려면 move 다음에 이동하고 싶은 문자열의 맨 앞을 지정, 맨 마지막을 지정, 그리고 이동할 곳의 삽입 포인트를 지정한다. 이러한 커맨드라인을 지정한 다음 OK를 눌러야만 실행된다(그림 6-4-3 위).

대부분의 팀원은 이 조작 구문의 문제를 인식하고 있지 않았다. NLS의 'Verb → Object' 구문은 영어 문법과 같이 때문에 직관적이라 생각했던 것이다.

커맨드식 문자열 이동(Verb–Object: 모달)

커트 앤 페이스트의 문자열 이동(Object–Verb: 모달리스)

그림 6-4-3 문자열 이동 조작 비교

여기서 테슬러는 목적어가 먼저 오는 'Object→Verb' 구문의 이점을 설파했다.

즉, 문자열을 삭제하고 싶으면 우선 지우고 싶은 문자열을 마우스 드래그 조작으로 직접 선택하고 delete 커맨드를 실행한다(그림 6-4-3 아래). 문자열을 이동하고 싶으면 마찬가지로 이동하고 싶은 문자열을 직접 선택하고 cut 커맨드를 실행, 삽입 포인트를 직접 지정, paste를 실행한다.

그리고 오브젝트 선택 선행 신택스에 대한 우려를 다음과 같이 불식시켰다.

사용자가 오브젝트 선택을 잘못했으면 다시 선택하면 된다. 커맨드라인을 그대로 유지해 표시할 필요는 없다. 사용자가 잘못된 동사를 고르면 결과는 바로 보인다. 정정하려면 취소 커맨드를 실행하면 된다(그 무렵, 다른 LISP쉘 프로젝트에는 oops보다도 자연스러운 undo라는 기능이 있었다).

모달리스 조작성이 가진 파워

이러한 당시의 여러 가지 아이디어, 즉 모달리스인 컷 앤 페이스트, 언두, 삽입 포인터로의 타이핑, 드래그로 텍스트 선택, 더블클릭으로 단어 선택 등을 실제로 구현한 Gypsy라는 에디터를 개발했다.

테슬러는 이 모달리스인 에디터로 유용성 검사^{usability test}를 실시했다. 그러자 컴퓨터를 만져본 적도 없는 사람이 5분만에 사용할 수 있게 됐다. 이때 테슬러는 모달리스 조작성이 가진 파워를 확신했던 것이다. 그리고 Gypsy의 조작 방법은 Smalltalk에 도입됐고, 이후 Mac이나 Windows의 문서 작성 UI의 표준이 됐다.

도널드 노먼 모드 에러 분석

인지과학자인 도널드 노먼은 80년대 저술한 『디자인과 인간 심리』(학지사, 2016)나 그외 논문에서 에러(조작 실수)의 한 종류로 모드 에러를 들었다. 모드 에러는 다음과 같다.

> 66 모드 에러는 장치에 몇 가지 서로 다른 조작 모드가 있어 어떤 모드에서 적절한 행위가 다른 모드에서는 다른 의미를 가지는 경우에 생긴다. 모드 에러는 해당 장치가 가진 제어 스위치나 표시의 개수보다도 실행 가능한 행위의 수가 많아서 하나의 스위치가 2개의 역할을 하는 장치에서는 언제든 발생할 수 있다. 99
>
> 도널드 노먼 『디자인과 인간 심리』

여기서 알 수 있는 점은 UI에서 모드는 기계적인 도구가 전자 제어되기 때문에 발생한다는 것이다. 이전의 기계나 도구에서는 기본적인 조작 상태를 기억해 둘 수 없었기 때문에(할 수 있었더라도 물리적 메커니즘으로서 눈에 보인다) 모드 문제는 표면화되지 않았다.

버튼이 적어서 모드가 발생한다

가전제품을 사용하기 어렵다는 이야기를 많이 듣는다. 버튼이 너무 많아 사용법을 모르겠다는 것이다. 하지만 잘 들어 보면 문제의 원인은 오히려 반대다.

많은 기능에 비해 버튼이 너무 적다. 버튼이 10개 있는 게 문제가 아니라, 버튼에 비해 기능이 20가지도 넘는 게 문제다. 버튼과 같은 부자재를 가능한 한 늘리고 싶지 않지만, 기능은 늘리고 싶다는 것이 제조업체의 논리다. 거기서 조작 체계 안에 모드가 만들어진다.

하나의 기능을 실행하기 위해 자의적인 버튼 조합을 설정한다. 이는 학습하기 어려워 사용하기 힘들어지는 원인이 된다. 간단한 일을 하는데도 복잡한 조작(의 기억)이 필요하거나 처음부터 다시 조작해야 한다. 예를 들어 다음과 같은 경우가 없을까?

전자동 세탁기로 세탁 도중에 중지하고 물을 빼고 싶지만, '배수' 버튼이 어디에도 없다. 배수하려면 언뜻 보면 관계가 없는 3가지 버튼을 특정 순서로 눌러야 한다.

DVD 플레이어에 디스크를 넣으면 재생을 시작한다. 중단하려 정지 버튼을 누르면 재생을 정지하고 TV 모드가 된다. 이어서 보려고 재생 버튼을 눌렀지만 재생되지 않는다. 하는 수 없이 디스크를 한 번 꺼낸 다음 넣는 것부터 다시 시작한다.

버튼을 늘린다고 해도 각각이 모드 없이 하나의 기능만 갖고 있으면 덜 혼란스럽다. 기능이 늘어나서 버튼이 엄청나게 많아지면 확실히 사용하기 어려워지겠지만, 그렇다고 모드를 만들거나 계층화한다고 해결되는 것은 아니다. 오히려 문제가 잘 보이지 않아 학습하기 곤란해진다.

컴퓨터가 모드를 복잡하게 한다

옛날 항공기 조종석에는 많은 스위치가 있었다. 각 스위치는 기능을 하나씩 갖고 있었다. 조종사는 모든 스위치를 익혀야 했지만, 한 번 외우면 눈 깜짝할 사이에 조작할 수 있다. 하지만 전자화/컴퓨터화가 진행되면서 글래스 칵핏^{glass cockpit}이라 불리는 대형 디스플레이를 이용해 계층식 조작체계가 도입됐고, 모드를 착각해 발생하는 조작 실수가 문제시됐다.

도구가 전자 제어되고, 특히 컴퓨터로 다량의 상태 저장과 복잡한 조건 분기가 가능해지자 설계자들이 점차 모드를 밀어 넣기 시작했다. 프로그램을 읽어 들어 메모리에 전개할 수 있는 컴퓨터는 여러 개의 정해진 순서 세트를 조합해 연속적이자 고속으로 실행할 수 있다. 즉, 사람의 기억력이나 계산 능력을 넘어서 깊이 있는 모드를 만들 수 있다는 것이다. 따라서 컴퓨터 사용은 모드를 복잡화하는 것과 같은 의미였다.

제프 래스킨 모달리스면 극적으로 쓰기 편해진다

Macintosh 컴퓨터의 초기 컨셉을 만든 것으로 알려진 제프 래스킨은 『휴먼 인터페이스(인간 중심 인터페이스)』(안그라픽스, 2003)에서 모드 문제를 여러 페이지에 걸쳐 고찰하고 있다.

버튼 하나에 여러 의미

래스킨은 모드를 인터페이스에서의 오류, 혼란, 불필요한 제어, 복잡함의 중대한 발생원이라 하고, 손전등의 예를 들어 토글^{toggle}식 인터페이스의 문제를 지적한다(그림 6-4-4).

버튼 하나로 온오프를 하는 타입의 손전등은 가방 안에 있으면 현재 온오프 상태를 알 수 없어 버튼을 눌렀을 때의 동작을 예측할 수 없다고 한다. 즉, 컨트롤 하나가 상황에 따라 서로 다른 의미를 가질 때 거기에는 항상 잠재적인 문제가 있다는 것이다.

버튼에 레이블이 있어 처음에는 'ON'으로, 누르면 'OFF'로 바뀌는 경우도 마찬가지다. 해당 레이블이 현재 상태를 나타내는건지, 누른 후의 상태를 나타내는지, 어느 쪽으로도 해석될 수 있다.

그림 6-4-4 하나의 버튼으로 온오프 하는 손전등

제스처와 주의 집중의 대상

모드란 무엇인가를 생각하는 데는 '제스처'와 '주의 집중의 중심지'가 키워드라고 일컫는다.

제스처란 일단 시작하면 자동으로 끝나는 일련의 동작을 말한다. 예를 들어 the 라는 자주 사용하는 단어를 입력하는 경우, 타이핑에 서투른 사람에게는 각 문자의 타이핑이 개별 제스처가 된다. 반면 숙련된 사람에게는 단어 전체가 하나의 제스처다. UI조작은 여러 가지 제스처를 조합하면서 하는 것이지만, 각각의 제스처 단위는 사용자에 따라 다르다는 것이다.

주의 집중의 대상이란 의도적이고 활발하게 생각하는 대상이다. 즉, 현재 의식이 쏠려 있는 것을 말한다. 사람은 한 번에 하나에만 집중할 수 있다. UI를 조작하고 있을 때 화면에는 여러 가지가 있고 각각이 고유한 상태를 갖지만, 사용자가 주의를 기울이는 것은 항상 하나뿐이다.

많은 인터페이스에서는 제스처 하나에 여러 개의 해석을 준비한다. 예를 들어 리턴키 타입은 개행문자의 삽입이거나, 방금 입력한 커맨드의 실행이거나, 디폴트 버튼의 대역일 때도 있다. 이는 어떤 사람에게는 기대했던 대로의 자연스러운 행동이지만, 어떤 사람에게는 예상 밖의 반응이기도 하다.

인터페이스가 제스처에 어떻게 반응하는가는 모드에 따라 결정된다. 즉, 어떤 제스처의 해석이 일정한 동안에는 인터페이스가 같은 모드에 있는 것이다. 그리고 제스처가 달리 해석될 때, 인터페이스는 다른 모드로 들어간 것이다.

컴퓨터의 상태는 여러 모드가 다층적으로 조합된 것이다. 리턴키를 눌렀을 때의 반응이 사람에 따라 문제거나 문제가 아닌 이유는 제스처 단위나 주의 집중의 대상이 사람과 상황에 따라 다르기 때문이다. 그런 의미에서 시스템이 어떤 제스처에 대해 모드를 갖는다는 것은 '인터페이스의 현재 상태가 사용자의 주의 집중의 대상이 되지 못해 시스템이 해당 제스처에 대해 여러 개의 서로 다른 응답을 실행하는 경우'라는 뜻이다.

모드가 없으면 극적으로 쓰기 편해진다

노먼은 모드 때문에 생겨나는 에러를 최소화하는 방법으로 다음 세 가지를 들었다(Donald A. Norman, 「Design rules based on analyses of human error」(Communications of the ACM 26, 1983)).

- 모드를 두지 않는다.
- 모드의 차이를 구별할 수 있도록 명시한다.
- 모드마다 커맨드가 겹치지 않게 한다.

래스킨은 이 중 효과가 있는 것은 첫 번째뿐이며, 2번째는 모드 제시가 사용자의 주의 집중의 대상이 아니면 의미 없고, 3번째는 태스크를 줄일 수는 있지만 에러 수를 줄일 수는 없다고 했다.

래스킨의 결론은 다음과 같다.

> 66 인터페이스 디자인에 모드를 도입하는 경우, 모드에 따라 제어되는 상태가 사용자의 주의 집중의 대상이 되고 있으며, 동시에 사용자가 이를 볼 수 있거나 사용자의 단기기억에 존재함을 보증하는 것만이 사용자를 모드에 기인한 실수에서 해방할 수 있다. 99
>
> 제프 래스킨 『휴먼 인터페이스(인간 중심 인터페이스)』

그리고 다음과 같이 말한다.

> 66 나는 인터페이스가 모드를 가지지 않고, 동시에 가능한 한 모노토너스monotonous라면 그 외 모든 디자인이 현대의 인터페이스 수준에서 보고 평균적인 것일지라도 극적으로 쓰기 편해진다고 믿고 있다. (중략) 모드가 없고 모노토니monotony에 기반을 둔 제품을 사용하면 거의 병들었다고 할 수 있는 습관이 형성되고, 제품을 사랑하는 사용자 인구도 증가해 갈 것이다. 99
>
> 제프 래스킨 『휴먼 인터페이스(인간 중심 인터페이스)』

모달리스로 만드는 방법

여기까지 설명해 온 대로 시스템을 모달리스로 만드는 방법의 기본은 '명사 → 동사'인 조작 구문으로 하는 것이다. 게다가 대상 선택과 주요 액션의 실행이라는 두 가지 행위를 싱글 탭이나 더블클릭으로 한꺼번에 실행할 수 있게 돼 있으면 조작은 더 모달리스가 된다.

'명사 → 동사' 조작을 하나의 제스처로

예를 들어 PC의 데스크탑에 있는 파일을 열 경우, 더블클릭 하면 모드는 발생하지 않는다(그림 6-4-5). 하지만 애플리케이션 안에서 '열기' 메뉴를 선택해 표시된 파일 선택 다이얼로그에서 여는 흐름에서는 파일 선택 모드가 발동해서 작업은 모달이 돼 버린다.

또한 조작이 '명사 → 동사'의 순서라도 그 후 사용자에게 추가 입력을 요구한다면 모드가 발생하고 만다. 예를 들어 메뉴 항목의 생략부호^{ellipsis}(…)는 어떤 추가 입력이 필요하다는 표시이며 이를 선택하면 모드에 들어가는 것을 시사한다(그림 6-4-6).

추가 입력이 필요한 경우라는 것은 해당 액션에 필요한 정보가 여러 개 있다는 뜻이다. 예를 들어 'Print'를 실행하려면 '무엇을'이라는 정보와 '어떻게'라는 정보가 필요하다. 전자는 '표시 중인 콘텐츠'로 미리 지정돼 있는데, 후자는 사용자가 추가로 지정해야 한다.

더블클릭으로 열기   파일 선택 모달 다이얼로그에서 열기

그림 6-4-5 더블클릭이면 모드는 발생하지 않는다.

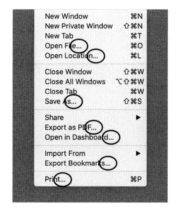

그림 6-4-6 생략부호(…)는 모드를 시사한다.

파라미터를 저장해 오브젝트화한다

이와 같이 '복잡한 파라미터가 필요한 액션'을 모달리스로 만드는 방법은 몇 가지가 있다. 하나는 파라미터를 미리 설정하고 저장할 수 있게 만든 다음 오브젝트로 보여주는 방법이다. 사용자는 이를 선택해 실행하면 되기 때문에 모달리스가 될 수 있다. iTunes의 플레이리스트 등이 그 예다. 또한 스마트 플레이 리스트와 같이 저장된 검색 조건을 오브젝트처럼 보여주고, 사용자가 이를 선택한 타이밍에 검색을 돌려 조건에 들어맞는 항목을 그때마다 다이나믹하게 제시하는 표현도 가능하다(그림 6-4-7, 그림 6-4-8).

그림 6-4-7 파라미터를 저장해 오브젝트화(iTunes)

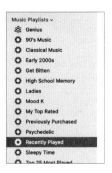

그림 6-4-8 파라미터를 저장해 오브젝트화(iTunes)

액션을 분할한다

다른 하나는 액션을 여러 개의 '1스트로크^{stroke} 즉시 실행'으로 분할하는 방법이다. 테슬러가 발명한 컷 앤드 페이스트가 예다. 원래는 이어지는 5스트로크가 필요했던 문자열 이동 조작을 1스크로크인 '컷'과 '페이스트'로 분할했다. 컷과 페이스트는 이어서 실행하지 않아도 된다. 사용자는 이 독립된 조작을 조합해 '문자열을 이동시킬 수도 있다'는 것이다.

즉, 모달리스 UI는 액션 전후에 모드가 없다. 아이들^{idle} 상태에서 모달리스로 '대상 선택'을 할 수 있고, 모달리스에 '액션 선택'이 가능하다. 그 후에 추가 입력을 요구하지 않은 모달리스인 채 액션이 완료되는 '1스크로크 즉시 실행'인 것이다.

테슬러가 UI에 가져온 구문론적 전환이 시사하는 바는 '모달 절차는 모달리스 액션의 조합으로 변환할 수 있다'는 것이다. 자유롭지 못한 태스크지향 UI는 자유로운 객체지향 UI로 바꿔 만들 수 있다.

서브밋 버튼을 없앤다

조작을 모달리스로 만드는 또 다른 방법은 서브밋^{submit} 버튼을 없애는 것이다(그림 6-4-9). 이 방식은 Update(갱신) 액션의 '모달리스 에디트 패턴'으로, 3장에서도 소개했다(그림 3-5-41 참조).

오브젝트의 프로퍼티를 변경하려는 경우, 흔히 일련의 입력폼에 값을 입력/변경하고, 마지막에 '저장'이나 '업데이트'와 같은 서브밋 버튼을 누르게 돼 있다. 사용자가 입력을 끝내더라도 이 버튼을 누르기 전에는 오브젝트에 반영되지 않는다. 이러한 디자인은 해당 입력 폼 자체가 모드를 형성해 서브밋 해야 모드를 종료한다는 뜻이기 때문에 모달이다. 사용자가 서브밋 버튼을 깜박하고 누르지 않은 채 화면을 닫아버리면 모드가 취소돼 입력한 게 쓸데없어진다.

프로퍼티 변경 UI에서는 서브밋 버튼을 없애고 사용자가 입력하면 바로(이상적으로는 1스트로크마다 아니면 컨트롤의 포커스가 잡혀 있지 않은 타이밍에) 해당 값을 오브젝트에 반영해야 한다. 프로퍼티를 개별적으로 반영시키면 오브젝트 상태에 문제가 생길 경우에는 필드간의 정합성을 유지하도록 자동으로 다른 필드를 변경하도록 한다. UI에 이러한 행동을 부여하는 것을 데이터 바인드^{data bind}라고 한다(그림 6-4-10). 동일한 인스턴스를 표상하는 여러 개의 뷰가 있을 경우, 이를 양방향으로 결속해 한쪽을 변경하면 다른 한쪽에 즉각 반영되게 한다.

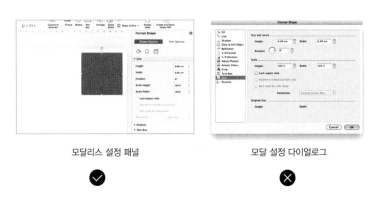

모달리스 설정 패널   모달 설정 다이얼로그

그림 6-4-9 서브밋 버튼을 없앤다.

데이터 바인드를 구현할 수 없거나 필드간의 정합성을 자동으로 유지할 수 있는 처리를 가할 수 없는 경우에만 모델인 서브밋식을 채용한다. 서브밋식이 필요한 전형적인 예는 오브젝트를 신규로 생성할 때다. 데이터베이스에 레코드를 추가할 때 일련의 필요 항목이 입력되지 않으면 검증^{validate}할 수 없는 경우다. 많은 사용자는 신규 생성을 위해 '저장'이나 '등록' 같은 액션이 필요하다고 인식할 가능성이 높기 때문에 큰 문제는 되지 않을지도 모르지만, 그래도 아직 모드를 줄여 조작성을 높이기 위해 취할 수 있는 방법은 있다. 디폴트 템플릿을 사용하는 것이다.

예를 들어 프레젠테이션 작성 소프트웨어인 PowerPoint에서는 사각형을 그릴 때 먼저 Shape 메뉴에서 사각형을 고른다(그림 6-4-11 오른쪽). 그 다음에 캔버스 위 아무 곳에서 마우스를 드래그해 크기, 종횡비, 위치를 지정한다. 이것으로 사각 오브젝트가 생성된다. 즉, 일시적이긴 하지만 모드가 생기는 것이다. 한편 같은 종류의 소프트웨어인 Keynote에서는 사각형을 만들 때 마찬가지로 Shape 메뉴에서 사각형을 선택하지만, 그것만으로 즉시 캠퍼스에 사각 오브젝트가 생성된다(그림 6-4-11 왼쪽). 사용자가 크기나 종횡비나 위치를 지정하지 않고도 디폴트 템플릿 스타일로 일단 생성된다. 사용자는 거기에서 각 프로퍼티를 임의로 변경하면 되고 모드 발생을 피할 수 있다. 이 방식은 Create(생성) 액션에서의 '거츠 패턴'으로 3장에서도 소개했다(그림 3-5-36 참조).

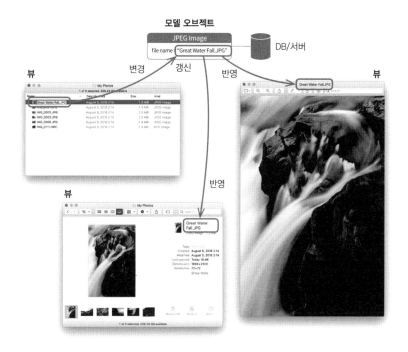

그림 6-4-10 데이터 바인드

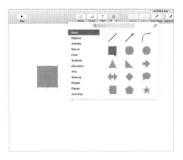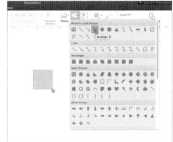

그림 6-4-11 Keynote(왼쪽)는 즉석에서 사각 오브젝트를 생성해 모드 발생을 회피

모달 다이얼로그를 없앤다

UI의 대표적인 모드는 모달 다이얼로그다(그림 6-4-12). 일반적으로 모달 다이얼로그는 사용자의 주요 작업을 강제로 중지하고 일시적으로 메시지를 표시하거나 필요한 입력을 요청하기 위해 사용한다. 특히 사용자가 데이터를 소거하려 할 때처럼 불가역적인 행동에 대해 확인을 구할 때 이용된다.

이러한 모드는 사용자의 리스크를 회피하는 데 유용하다고 할 수 있지만, 사용자의 의사를 확인만 한다면 모드를 만들지 않고도 가능하다. 예를 들어 iPhone 알람에서는 사용자가 항목의 삭제 버튼(각 항목 왼쪽에 있는 빨간 마이너스 표시)을 누르면 오른쪽에서 'Delete'라 적힌 버튼이 하나 더 나오고 이 버튼을 누르면 삭제가 실행된다(그림 6-4-13). 사용자가 삭제하려는 의지를 2번 나타냄으로써 잘못 눌러 데이터 로스가 생기지 않는 구조이다. 이런 점에서 확인 다이얼로그와 같지만, 차이는 그 사이에 모드가 발생하지 않는다는 점이다.

즉, Delete 버튼이 있을 때에도 사용자가 이를 취소하지 않고 다른 조작을 할 수 있다. 이 방식은 Delete(삭제) 액션의 '모달리스 컨펌 패턴'으로 3장에서도 소개했다(그림 3-5-39 참조).

이와 같이 확인 동작을 모달리스로 요구할 수 있다. 단, 이 경우 1차 조작으로 처리가 완료됐다고 사용자가 오해하지 않도록 2차 확인 표시는 1차 조작 바로 근처에서 명확하게 해야 한다.

그림 6-4-12 모달 다이얼로그

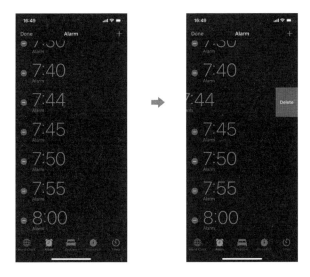

그림 6-4-13 모드를 발생시키지 않고 사용자 의사를 확인(iPhone 알람)

이와 같이 시스템을 모달리스로 만들 방법은 다양하다. 애플리케이션 전체의 조
작체계를 '명사 → 동사' 구문으로 하고, 세부 조작 역시 '명사 → 동사' 구문을 채
용하고, 나아가 모드가 생길 수 있는 곳은 없앨 방법이 없는지 잘 검토하는 것이
바람직하다.

6-5 객체지향 UI에 관한 문헌

마지막으로 객체지향 UI라는 말의 태생과 몇 권의 참고문헌을 소개하겠다.

객체지향 사용자 인터페이스[OOUI]라는 말은 역사적으로 크게 두 가지 의미로 사용됐다. 하나는 절차형 UI에 대한 객체지향 UI라는 의미, 즉 GUI와 거의 같은 의미다. 다른 하나는 Mac이나 Windows UI에 대한 '탈앱베이스 UI'의 의미로 둘 다 기본적인 구성요소는 같지만 컨셉으로 대치하고 있는 것이 다르다.

이를 바탕으로 객체지향 UI가 지금까지 어떻게 이론화됐는지 살펴보자.

「Object-Oriented User Interfaces and Object-Oriented Languages」

객체지향 UI라는 말은 앞서 소개한 래리 테슬러가 최초로 썼다고 한다(Dave Collins, 「Designing Object-Oriented User Interfaces」).

1983년 Xerox PARC에서 Apple로 옮겨 갔던 테슬러가 쓴 『Object-Oriented User Interfaces and Object-Oriented Languages』라는 강연 논문이 있는데, 이 논문에서 Smalltalk에서 확장된 '객체지향 사용자 인터페이스'와 '객체지향 프로그래밍'의 관계, 그리고 각각의 전망을 설명했다(그림 6-5-1).

이 논문을 썼을 때는 Apple 최초의 GUI 컴퓨터인 Lisa가 막 발매됐을 무렵이다. 테슬러는 Smalltalk에서 물려받은 Lisa의 객체지향 UI로서의 특징을 다음과 같이 꼽았다.

- 전체에 그래픽컬한 표현
- 기억하고 있는 커맨드를 키보드로 치는 게 아니라 선택지가 보이고 이를 마우스로 가리킨다.
- 도큐먼트는 인쇄 형식대로 표시되며, 직접 변경할 수 있다.
- 모드를 가능한 한 갖지 않고, 키 스트로크나 버튼 푸시 후 즉시 피드백이 있다.
- 클립보드를 경유해 컷 앤 페이스트로 데이터를 이동할 수 있다.

즉, 래리 테슬러가 처음 객체지향 UI라고 했을 때 가리킨 것은 거의 GUI였다. GUI의 본질은 외형이 그래픽컬하기 이전에 그것이 객체지향에 뿌리를 둔 것임을 나타냈던 것이다. 대상을 눈으로 볼 수 있고, 직접 조작 가능하며 모달리스여야 한다. 객체지향 프로그래밍과 같은 원리 위에 UI가 있다는 의미에서의 객체지향 UI였다.

이 책에서 말하고 있는 '객체지향 사용자 인터페이스'도 래리 테슬러의 의미를 따른다.

KEYNOTE ADDRESS

Object-Oriented User Interfaces
and
Object-Oriented Languages

Larry Tesler
Apple Computer

The Smalltalk system developed at Xerox PARC in the last decade demonstrated what might be called a "direct-drive" style of user interaction that is more reactive and intuitive than the older dialog-driven style, and puts the user more in control.

Many contemporary systems have borrowed Smalltalk's most obvious user-interface concepts: a mouse, a bit-mapped display, and overlapping windows. In the design of the Lisa, we at Apple have adopted these concepts as well as on-screen typefaces, pop-up menus, scroll bars, and other Smalltalk ideas. The Lisa's featured applications are characterized by user interfaces that:

* Use graphics extensively;
* Let the user see choices and point with the mouse instead of remembering commands and typing them on the keyboard;
* Let the user view the document as it will be printed, and make changes to it directly;
* Have few modes and give immediate feedback after every keystroke or button push;
* Can transfer data among themselves by cut-and-paste through a holding window called the Clipboard.

Both Smalltalk and the Lisa enploy an object-operation command syntax. The user selects an object (e.g., a passage of text, a column of a spreadsheet, or a circle in a drawing) and then chooses an operation to perform on that object (e.g., change typeface, delete, change colour).

Software designers often assume that operation-object syntax would be more intuitive because imperatives in the English language take a verb-object form. However, a variety of user tests have shown the object-operation order to be more natural, faster, and less error-prone, especially for computer novices. The reason the object-operation order is better appears to be that it reduces the incidence of modes that can make the user feel trapped.

The Smalltalk system was implemented at Xerox PARC using an interpreted object-oriented language featuring Simula-style classes and subclasses, procedure invocation by message-passing, and automatic garbage collection. The syntax of a Smalltalk statement is object-message, paralleling the object-operation order of the user interface. Both the user interface component and the language component of Smalltalk are object-oriented, as opposed to the procedure-oriented slant of most older user interfaces and languages.

Many observers have hypothesized that Smalltalk user interface and the Smalltalk language are separable innovations. Consequently, most systems influenced by the Smalltalk user interface have been engineered without resorting to Smalltalk's implementation approach.

At Apple, after using Pascal to implement six initial applications for the Lisa, we discovered compelling reasons to change our programming language to incorporate more ideas from Smalltalk. Lisa applications are now written in the language Clascal, an extension of Pascal featuring objects, classes, subclasses, and procedure invocation by message-passing.

Although the Smalltalk language is generally considered an important influence in computer science, it has been subjected to many criticisms. In the design of Clascal, we have attempted to overcome the most conspicuous shortcomings of Smalltalk without losing its most important

3

그림 6-5-1 Larry Tesler, 『Object-Oriented User Interfaces and Object-Oriented Languages』, In: ACM Conference on Personal and Small Computers December 7-9, 1983, Westgate Hotel, San Diego, California, USA. pp. 3-5

「Object-Oriented Interface Design」

1989년 IBM이 「Object-Oriented Interface Design – IBM Common User Access Guidelines」를 발표한다(그림 6-5-2). 이는 IBM이 OS/2 외의 GUI 시스템 전반에 적용하기 위해 책정한 UI 디자인을 위한 세부 가이드라인이다. 앞부분에 'Object-Oriented User Interface(OOUI)'라는 용어로 당시 아직 새로웠던 UI, 지금 GUI라 불리는 것'의 사상을 말하고 있다.

그래픽컬하다는 것보다 객체지향임을 강조한다는 의미에서 IBM은 GUI의 본질을 알아 맞혔다고 할 수 있다. 이 문서에서 IBM은 UI는 객체지향이어야 한다는 점을 구체적인 디자인 샘플과 함께 설명하고 있다.

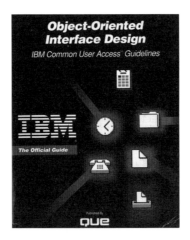

그림 6-5-2 I.B.M, 「Object-Oriented Interface Design –IBM Common User Access Guidelines」(Que Pub, 1992)

게다가 IBM은 앞서고 있던 GUI 베이스의 OS인 Mac이나 Windows를 의식해서 이들과의 차이를 디자인 컨셉에 포함시켰다. 이는 UI에 보이는 것은 전부 어떤 오브젝트를 표상이며, 객체지향의 사고 방식을 더 절제주의적으로 추구하는 것이다. 그래서 사용자가 보는 뷰에 대해 모두 어떤 오브젝트를 표상하는 것으로 정했다.

이 가이드라인에서는 오브젝트를 표상하는 뷰의 종류를 크게 4가지, Composed(정보 표현), Contents(리스트), Setting(편집), Help(설명)로 나눴다. 시스템 전체를 통틀어 모든 오브젝트는 4가지 중 하나의 포맷을 가진 뷰로 표현된다.

덧붙여 이 책에서 소개한 소시오미디어의 OOUI 메소드에서는 이를 더 심플하게 2가지, 컬렉션(여러 개)과 싱글(한 개)로 나눈다.

『Designing Object-Oriented User Interfaces』

1995년에 IBM에서 소프트웨어 설계를 연구하고 있던 데이브 콜린스[Dave Collins]가 『Designing Object Oriented User Interfaces』라는 책을 출간했다(그림 6-5-3). 그 내용은 IBM의 『Object Oriented Interface Design』을 기반으로 하지만, OS벤더에 의존하지 않는 관점에서 업무 분석, 오브젝트 모델링, MVC 패턴, 프로토타이핑 등과 객체지향 UI 디자인의 관계를 자세히 설명하고 있다.

객체지향 UI가 만들어진 역사적인 경위, 각종 사례, 향후 전망 등을 포함한 매우 포괄적인 내용으로 객체지향 UI에 과한 문헌으로는 가장 충실하다고 할 수 있다.

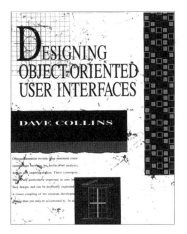

그림 6-5-3 Dave Collins, 『Designing Object-Oriented User Interfaces』(Benjamin Cummings, 1995)

『The Elements of User Interface Design』

디자이너 관점에서는 1997년 IBM 출신의 테오 만델[Theo Mandel]이 『The Elements of User Interface Design』이라는 책을 출간한다(그림 6-5-4). 이 책에서 만델은 UI의 다양한 평가축은 최종적으로 '사용자 경험[experience]의 질'로 집약된다고 했으며, 이를 실현하기 위한 기본으로서 객체지향 UI의 실천을 촉구하고 있다.

만델이 제창한 것은 비욘드 GUI로서의 객체지향 UI다. 이것은 애플리케이션이라는 모드를 없애고 시스템 와이드로 오브젝트를 공유한다는 컨셉이다. Windows의 OLE, Mac의 발행과 인용, OpenDoc, NewtonOS 등이 비슷한 아이디어로 만들어졌다. 만델은 객체지향 UI의 바람직한 특징을 다음과 같이 설명한다.

- 시스템은 서로 협조하는 오브젝트와 뷰로 구성된다.
- 사용자가 보는 것은 태스크가 아니라 오브젝트다.
- 태스크에 대한 입출력보다도 오브젝트에 대한 입출력을 중시한다.
- 오브젝트는 그 자신이 역할을 구현한다.
- 사용자는 자신만의 방법으로 태스크를 수행할 수 있으며, 이를 개선할 수 있다.
- 한정적인 오브젝트를 여러 개의 태스크에서 돌려쓴다.
- 오브젝트의 상태는 리얼타임으로 시각적으로 피드백 받는다.
- 하나의 오브젝트는 여러 개의 뷰를 가질 수 있다.
- 직접 조작할 수 있고 가역적이다.
- 모든 오브젝트가 항상 액티브하다.
- 시스템의 내부 구조를 은닉한다.
- 명사 → 동사 구성

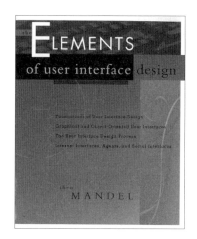

그림 6-5-4 Theo Mandel, 『The Elements of User Interface Design』(Wiley, 1997)

『Designing for the User with OVID』

1998년에는 IBM의 멤버가 그때까지의 객체지향 UI 이론의 집대성이라 말할 수 있는 서적인 『Designing for the User with OVID』를 정리했다(그림 6-5-5).

OVID는 "Object, View, and Interaction Design"의 약어다. 이는 객체지향 분석 결과를 매끄럽게 뷰로 매핑해 뷰끼리 서로 인터랙션으로 연결함으로써 UI가 구성된다는 의미다. 그리고 이 모델링 방법으로 독자적인 클래스도 기법을 통해 오브젝트, 뷰, 인터랙션 셋을 하나의 다이어그램 안에 나타내는 표현을 시도한다.

소시오미디어의 OOUI 메소드에서는 이 표현에서 힌트를 언어, 모델, 인터랙션, 프레젠테이션이라는 3가지 추상도 레이어를 하나로 연결한 세계관으로 다이어그램화해 표현했다. 이 3가지는 단순히 설계 공정마다의 중간 성과물인 것이 아니라 객체지향 UI라는 한 묶음의 구조를 동시에 성립시키는 디자인의 세가지 지위와 격이라는 생각이다.

그림 6-5-5 Dave Roberts, Dick Berry, Scott Isensee, John Mullaly, 『Designing for the User with OVID』(Macmillan Technical Publishing, 1998)

마치며

나는 기업 시스템 기획 담당자가 "우리 시스템은 복잡해 사용하기 어렵다. 이를 개선해 사용자가 매뉴얼을 읽지 않고도 쓸 수 있게 하겠다."라고 말하는 것을 여러 번 들은 적이 있다. 매뉴얼을 읽지 않고도 쓸 수 있게 하고 싶다는 말의 의미는 대부분 절차를 기억하기 쉽게 하고 싶다는 뜻이다. ATM과 같이 사용자가 단순하면서도 정형적인 태스크만을 한다면 태스크별로 선형적인 화면 플로우를 만들어도 괜찮다. 하지만 대부분 사용자의 태스크는 그리 단순하지 않다.

Windows, Mac, iPhone, Android 등의 GUI 시스템이 보급된 이유는 컴퓨터 전문가 이외에도 쓸 수 있는 것이었기 때문이다. 하지만 뛰어난 GUI를 접한 사용자가 '매뉴얼을 읽지 않고도 쓸 수 있다'고 느끼는 이유는 사실 절차를 기억하기 쉬워서가 아니라 애초에 정해진 절차가 없기 때문이다.

절차가 정해져 있지 않아 사용자가 좋아하는 방법으로 목적을 향해 갈 수 있다. 이것이 GUI의 근본에 있는 모달리스성이다. 조작의 자유도는 UI를 객체지향으로 만들 때 실현된다.

객체지향 UI에서는 사용자는 태스크를 고르는 것이 아니라 오브젝트를 선택한다. 오브젝트는 목적에 맞는 뷰와 액션을 갖는다. 사용자는 업무라는 외길이 아니라 사무 공간을 자유롭게 탐색하고 그곳에 배치된 대상물과 직접 마주한다.

UI 설계의 오브젝트 추출에서는 객체지향 분석 결과를 돌려쓸 수 있다. 즉, 사용자의 관심 대상인 오브젝트를 클래스로 정의하고 이를 그대로 화면에 등장시킨다. 그 결과 데이터와 UI요소가 자연스럽게 반응하고 프론트엔드와 백엔드의 관계를 심플하게 유지할 수 있다.

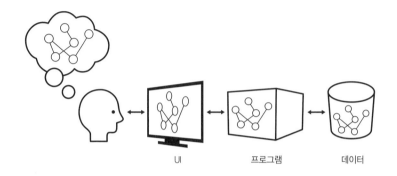

출처: Dave Collins, 『Designing Object-Oriented User Interfaces』(Benjamin Cummings, 1995)

멘달 모델과 컴퓨터 모델의 자연스러운 반응

사용자가 직접 오브젝트와 마주한다는 것은 일의 본질을 마주한다는 뜻이다. 일에 필요한 개념과 처리는 화면에 명시돼 있으므로 업무를 절차로서 기억할 필요가 없다. 일이라 의식하지 않으면 안 되는 작업의 너비와 깊이는 뷰의 표현과 거기에 제공된 액션으로 제어된다.

애플리케이션의 루트 내비게이션에서 태스크 이름이라는 형체를 없애고 사용자를 작업의 본질에 대면하게 만드는 것이 객체지향 UI의 역할이다. 애플리케이션이라는 것을 정해진 것을 정해진 절차대로 하기 위한 장치에서 사용자가 자신의 의사로 대상을 선택하고 거기서 실행 가능한 액션을 선택하는 창의적인 연구를 위한 도구로 재정의하는 것이다.

그럼 애초에 우리는 왜 객체지향에 주목하는 걸까? 이유는 여러 가지 '지향' 중에 하나라서가 절대 아니다. '객체지향으로 만든다'가 아니라, 있는 그대로 있을 수 있게 만들면 '그것이 객체지향'인 것이다. 따라서 그 의미는 헤아릴 수 없다.

객체지향 자체가 근원적인 이유는 그 지향이 오브젝트라는 근원적인 것에 관련

돼 있기 때문이다. 있는 그대로 만드는 것은 있는 그대로에 대한 탐구다. 그러나 있는 그대로는 나서지 않는 그 자체이기 때문에 볼 수가 없다. 따라서 우선 있는 그대로가 '아닌' 것에 대해 생각해보자.

있는 그대로가 아닌 것이란 어떤 걸까? 객체지향 존재론을 주창하는 철학자인 그레이엄 하먼Graham Harman은 오브젝트는 그 자립적인 실재성만으로 정의되는 것이며 모든 관계에서 자유롭고 모든 상호성보다도 깊다고 말한다(『쿼드러플 오브젝트』(현실문화, 2019)). 있는 그대로가 아닌 것은, 내부 구성이나 외부와의 관계성에 환원돼 버리는 것이다. 시켜서 하는 요구에 쫓겨 서브젝티브subjective에 몰리는 것이다.

20세기를 대표하는 철학자중 한명인 마르틴 하이데거Martin Heidegger는 강연 〈기술에 대한 물음〉에서 현대 기술은 징발적이며 자연의 성질을 자원이나 가공의 관점에서만 유발하고 있다고 지적했다. 그에 따라 행위의 진리는 은폐되고, 사람은 스스로를 잃는다. 현대 사회에 만연한 지배적인 작위성이 디자인의 본질을 숨겨 버리는 것이다.

오브젝트는 작위에 따라오지 않는다. 그래서 우리는 만드는 것과 사용하는 것의 교차점을 찾아 마음이 향하는 사고 안으로 발걸음을 돌려와 그때마다 무위한 형태를 애브덕션해야 하는 것이다.

예를 들어 기둥의 원래 기능은 '건물을 떠받치는' 것이다. 하지만 기둥은 건물 뿐만 아니라 기대는 사람들을 지탱할 수도 있다. 기둥은 사람이 만든 것이면서도 그 진짜 성질은 그 자체가 안에서부터 전개해 보여주듯이 나타난다. 여기서 발견되는 것이야말로 기술의 구제적인 측면=포이에시스poiesis(창조성)이다.

우리가 인공물을 만드는 동안 우주에 일어나는 엔트로피의 증가를 지각하지 않으면 자신이 끌려가 버리는 것을 피할 수 없다. 이는 물질의 수집을 방해하고 진리의 고유화를 물리치고 포이에시스를 막아 세우는 것이다.

포이에시스는 수작업으로서의 제작이나 예술적인 창작 그리고 그 자체에서 빛을 발하며 나타나는 것이다. 예를 들어 꽃이 그 자체에서 피어나려 봉오리가 벌어지기 시작하는 것을 의미한다. 창조성은 오브젝티브한 선별로부터 성장해 이윽고 디자인의 본질로 우리를 인도한다.

하이데거는 다음과 같이 말한다.

> 66 인간은 자신의 눈과 귀를 열고, 자신의 마음을 열고, 노력에 노력을 거듭해 조형화나 작품화에 힘쓰며, 간원과 감사를 아낌없이 바치는 곳에서는 어디든 두루두루 공공연한 진실로 자신이 인도되고 있음을 깨닫는다. 그 공공연하지만 숨김없는 진실은 인간을 일깨워 인간에 어울리게 나타나는 본연의 자세를 취하게 하는 그때마다, 이미 일어난 일로 자연스럽게 고유화되고 있다. 눈앞에서 계속 존재하는 것을 숨김없는 진상의 내부에서 인간 나름의 방식으로 표현할 때, 인간이 응답해 말하고 있는 유일한 상대야말로 숨김없는 진실의 메시지 뿐이다. 가령 인간이 그 메시지에 반대해 말할 때조차도 그렇다. 99
>
> 마르틴 하이데거 - 『Die Frage nach der Technik(The Question Concerning Technology)』(Garland Publishing, 1954)

이것은 디자인이 현대 사회의 모달리티를 벗고 자유로워져야 함을 시사하는 것처럼 보인다.

모달리스한 도구를 만드는 일, 모달리스 디자인이란 세상 끝의 혼돈에 맞서 자신이 만든 물체의 모습을 다시 세상에 내주는 일이다. 이는 창조성을 수반하며 다음 단계로 이어져 아트(사람의 기술의 축적)의 성층권을 풍부하게 할 것이다. 이러한 도구적 존재가 본질을 발휘하는 객체지향 정신이다.

오브젝트란 우리 앞에 던져진 목표이며 평소에는 태스크 뒤에 숨겨져 있다. 탐구의 단서는 수백만 년의 시간과 함께 우리를 만들어 온 도구의 디자인에 있다.

객체지향 UI는 단순히 내비게이션 레벨을 '명사'로 하거나 조작 순서를 '대상 선택 → 액션 선택'으로 하는 표현상의 스타일을 말하는 것이 아니라, 사용자 앞에 대상의 이념을 솔직하게 표현하는 것이다.

사용자에게 절차를 지시하는 것이 아니라, 목적 그 자체를 제시하는 태도다. 그리고 우리는 그 제시가 이윽고 사용자의 환경과 행동을 바꾸고 새로운 의미로 자라날 것을 상상한다.

사용자를 동굴에서 해방해 각각의 창의에 따라 본질을 향해 나아갈 수 있도록 하는 일. 사람들이 자신의 방식으로 의미 공간을 사색하고, 지식을 사랑하는 사람으로서 일상을 이어갈 수 있도록 하는 일. 누구나 스스로에게 디자이너가 돼 세상을 새로운 방법으로 보거나 느낄 수 있도록 하는 일인 것이다.

그렇게 사람들에게 목적을 되돌려주는 것이 객체지향 사용자 인터페이스 다지인이다.

참고문헌

이 책을 집필하면서 참고했던 서적, 이 책의 테마와 관련된 서적 등이다. 북가이드로도 이용하기 바란다. 이 책에서 인용한 문헌은 인용한 곳에 정리했다.

디자인 관련

- Alexander, Christopher, "Notes on the Synthesis of Form", Harvard University Press, 1964

  → 패턴 랭귀지로 알려진 알렉산더의 초기 논고. 형태와 구조에 대한 사색과 제안을 통해 디자인의 본질에 다가가간다.

- Mok, Clement, "Designing Business: Multiple Media Multiple Disciplines", Adobe Press, 1996

  → 기업측 디자인의 기본형을 만든 클레멘트 목은 1996년 이 책에서 디지털 시대의 비즈니스가 디자인과 일체임을 멋지게 맞추고 있다. 그 후 디지털 디자인의 개념을 결정지은 명저다.

- Norretranders, Tor, "The User Illusion: Cutting Consciousness Down to Size", Penguin Books, 1999

  → 우리가 파악하는 현실은 뇌가 0.5초 들여 시뮬레이션한 결과 = 일루젼이다. 정보 이론, 심리학, 생리학 등을 기반으로 한 의식이란 무엇인가를 파헤친다.

- Krippendorff, Klaus, "The Semantic Turn: A New Foundation for Design", CRC Press, 2005
  - → 사람은 물체의 의미를 따라 행동한다. 즉 디자인이란 사물의 요해를 만드는 것이다. 디자인을 의미론적으로 재정의하는 이론과 실천의 책.

- Colomina, Beatriz. Wigley, Mark, "Are We Human? Notes on an Archaeology of Design", Lars Muller, 2017
  - → 선사시대에서 현대까지의 인간과 인공물의 관계성을 발굴해 근대 디자인을 다시 묻는다. 석기, 신체, 바이오 테크놀로지, 소셜미디어.

- 須永剛司 저 『デザインの知恵―情報デザインから社会のかたちづくりへ』, フィルムアート社, 2019년
  - → 디자인은 표현하는 행위가 선행하고, 그 안에서 사고가 구동된다. 디자이너는 방대한 양의 표현으로 지각의 장을 만들어내고 그곳에 '지당한 형태'가 보이는 순간을 스스로 생성하고 있다.

- ÉKRITS/에크리, "http://ekrits.jp"
  - → 디자인, 경험, 아키텍처에 관련되는 다양한 테스트를 게재해 실천과 사상을 통합해 나가는 웹미디어.

PC 관련

- Rheingold, Howard, "Tools for Thought: The History and Future of Mind Expanding Technology", MIT Press, 2000
  - → 컴퓨터를 인간의 사고와 커뮤니케이션을 증폭하는 도구로서 정의하고 그 발전 역사와 인물을 되돌아본다. 초판은 1985년이다.

- 앨런·C·케이/鶴岡雄二 번역 『アラン・ケイ』, 아스키 출판사, 1992년
  - → 앨런 케이의 논문 「Personal Dynamic Media」, 「Microelectronics and

the Personal Computer」, 「Computer Software」의 번역이 수록돼 있다.

- Hiltzik, Michael A, "Dealers of Lightning: Xerox PARC and the Dawn of the Computer Age", HarperCollins,1999
  → 오늘의 퍼스널 컴퓨팅에 이어지는 획기적인 발명을 다수 만들어 낸 Xerox 팔로알토 연구소에서 활약했던 천재 과학자들의 이야기.

- Hertzfeld, Andy, "Revolution in The Valley: The Insanely Great Story of How the Mac Was Made", O'Reilly Media, 2004
  → 초대 Macintosh의 개발 스토리. 하드웨어, 소프트웨어, 그래픽 등 시행 착오를 거듭하며 GUI 기반의 PC를 완성한 젊은이들의 고민.

사용자 인터페이스 설계

- Shneiderman, Ben, "Designing The User Interface: Strategies for Effective Human-Computer Interaction (6th Edition)", Pearson, 2016
  → UI 디자인의 고전적인 교과서로 초판은 1986년이다. GUI 개명기에 출간된 이 책은 대화형 소프트웨어의 기본, 커맨드 언어, 메뉴 선택 시스템 등을 정중하게 언급하고 있다.

- Apple Computer, "Apple Human Interface Guidelines: The Apple Desktop Interface", Addison-Wesley, 1987
  → Apple의 Human Interface Guidelines(HIG)의 초기 버전. 사상편에서 시작하는 이 책은 Apple의 자유주의가 반영돼 있어 UI 디자인 사상의 신성한 계몽서가 돼 있다.

- Laurel, Brenda, "The Art of Human-Computer Interface Design", Addison-Wesley Professional, 1990
  → 문집. 당시 UI 논단이 한창 때가 엿보인다. 앨런 케이의 「User Interface:

Personal View」수록.

- Norman, Donald A, "Things That Make Us Smart: Defending Human
  Attributes In The Age Of The Machine", Basic Books, 1994
  - → 도구라는 것이 우리 일상과 어떻게 관련되는지, 인간과 테크놀로지가 함
    께 진화해 나가는 본연의 자세를 인지심리학의 입장에서 제안한다.

- Cooper, Alan. Reiman, Robert. Cronin, David. Noessel, Christopher, "About
  Face: The Essentials of User Interface Design (4th Edition)", Wiley, 2014
  - → Visual Basic의 작자이자 페르소나 기법의 고안자이기도 한 앨런 쿠퍼가
    쓴 UI 디자인에 대한 혁신적인 사상, 원칙, 이론, 패턴, 디자인 프로세스
    를 망라한 바이블. 오리지널은 1995년.

- Raskin, Jet, "The Humane Interface: New Directions for Designing
  Interactive Systems", Addison-Wesley Professional, 2000
  - → Macintosh 초기 컨셉을 만든 제프 래스킨이 정보 이론을 바탕으로 UI
    디자인의 유리성을 추구하는 명서. 특히 모달리스네스에 간한 분석의 깊
    이가 최고다.

- Moggridge, Bill, "Designing Interactions", The MIT Press, 2007
  - → IDEO 설립자인 빌 모글리지가 인터랙션 디자인의 선구자들을 취재한
    인터뷰집. 래리 테슬러를 시작으로 초기 PC 개발에 대해 당사자가 회고
    해 나간다.

- 度選恵太 저 『融けるデザイン ハード×ソフト Xネット時代の新たな設計
  論』, BNN, 2015년
  - → 인터넷과 모바일이 전제되는 시대의 인터랙션 디자인 지침. 정보를 신체
    화해 자기 귀속감을 가져오는 UI란 어떠한 것인지 논의한다.

- Tidwell, Jenifer, "Designing Interfaces: Patterns for Effective Interaction Design (3rd Edition)", O'Reilly Media, 2020
  - → UI 디자인 패턴을 망라해 체계화하고 문제의 해법으로서 각각을 풍부한 지식으로 해설한다. 디자인의 질과 생산성을 향상시키는 UI 디자이너 필독서.

OOUI

- Tesler, Larry, "Object Oriented User Interfaces and Object Oriented Languages", In: ACM Conference on Personal and Small Computers December 7-9, 1983, Westgate Hotel, San Diego, California, USA. pp. 3 5
  - → 객체지향 사용자 인터페이스라는 말이 처음 사용된 1983년 ACM 컨퍼런스 「Personal and Small Computers」의 래리 테슬러의 기조강연 논문.

- IBM, "Object Oriented Interface Design: IBM Common User Access Guidelines", Que Publishing, 1992
  - → IBM이 OS/2 기타 GUI 시스템 전반에 적용하기 위해 책정한 UI 디자인을 위한 가이드라인. 객체지향 UI를 자세히 설명하고 있다.

- Collins, Dave, "Designing Object-Oriented User Interfaces", Benjamin Cummings, 1995
  - → IBM에서 소프트웨어 설계를 연구해 온 데이브 콜린스의 객체지향 UI에 대한 해설. 상세한 디자인 이론과 함께 역사적인 경위, 각종 사례, 향후의 전망 등을 합한 매우 종합적인 내용으로 돼 있다.

- Mandel. Theo, "The Elements of User Interface Design", Wiley, 1997
  - → IBM 출신의 테오 · 만델이 제창한 비욘드 GUI로서의 객체지향 UI. 애플리케이션이라고 하는 모달리스 시스템 와이드로 오브젝트를 공유하는 컨셉.

- Roberts, Dave. Berry, Dick. Mullaly, John. lsensee, Scott, "Designing for the User with OVID: Bridging User Interface Design and Software Engineering", Macmillan Technical Pub, 1998

  → IBM 구성원이 정리한 객체지향 UI 이론의 집대성. Object, View, Interaction의 레이어를 하나의 모델 안에 결합해 UI 디자인과 소프트웨어 엔지니어링을 연결해 나간다.

- Prater, Sophia V, "Object-Oriented UX", https://alistapart.com/article/object-oriented-ux/, 2015

  → 객체지향 UI의 설계 수법을 「객체지향 UX」라고 부르며 소개하고 있는 기사.

- 上野学, "Modeless and Modal", https://modelessdesign.com/modelessandmodal/, 2009

  → 모달리스와 모달이라는 관점에서 디자인 이데올로기에 대해 논한 기술 연재기사. 객체지향 UI를 반복 고찰하고 있다.

철학

- マルティン・ハイデツガ 저/細谷貞雄 번역 『存在と時間(上・下)』, 筑摩書房, 1994년

  → 존재란 무엇인가. 그 의미를 묻는 하이데거의 대표적인 저서. 존재를 이해하는 장소로서의 현존재(인간), 단지 저만치 보이는 사물적인 존재, 그리고 무엇인가의 목적을 위해서 사용하는 것 중에서 조심스럽게 나타나는 도구적인 존재에 대해 이야기한다.

- マルティン・ハイデッガー 저/関口浩 번역 『技術への問い』, 平凡社, 2009년

  → 하이데거의 기술논고집. 기술의 본질은 기술적인 것이 아니다. 집약적으로 사용하는 지배와 거기서부터 나타나는 포이에시스의 양의성. 그것이

사색의 경건함으로 새로운 '물음'을 이끈다.

- Harman, Graham, "The Quadruple Object", Zero Books, 2011
  → 우리 의식에 이르는 것은 모두 오브젝트이며, 오브젝트가 자신의 구성요
    소에도 다른 사물과의 외적 관계에도 환원되지 않고 자립하고 있다. 모
    든 레벨의 개념을 같은 수준으로 대상화해 본다는 의미에서 객체지향 그
    자체라고 말할 수 있는 철학.

찾아보기

객체지향 UI 디자인

쓰기 편한 소프트웨어 디자인 원리

발 행 | 2022년 3월 30일

지은이 | 소시오미디어 주식회사 · 후지이 코타
감 수 | 우에노 마나부
옮긴이 | 송 지 연

펴낸이 | 권 성 준
편집장 | 황 영 주
편 집 | 이 지 은
디자인 | 송 서 연
        윤 서 빈

에이콘출판주식회사
서울특별시 양천구 국회대로 287 (목동)
전화 02-2653-7600, 팩스 02-2653-0433
www.acornpub.co.kr / editor@acornpub.co.kr

한국어판 ⓒ 에이콘출판주식회사, 2022, Printed in Korea.
ISBN 979-11-6175-624-0
http://www.acornpub.co.kr/book/ooui

책값은 뒤표지에 있습니다.